学校も会社も教えてくれない 税とお金と社会の真実

サイフの穴をふさぐには？

著 オロゴン　監税修務 大河内薫

KADOKAWA

はじめに

「どうしてお金が貯まらないんだろう?」
「今月もカードの支払いが苦しいな……」
「もっと給料上がらないかなぁ」

　大学を卒業し、新卒で銀行に入った僕は、そんなふうに
いつもお金のことばかり考えていました。

　銀行でやっていたのは、取引先企業への融資営業や経営
のアドバイスを行う、一見スマートでかっこよくも見える仕
事でしたが、実際はしょうもないミスで上司に怒られてばか
りでした。仕事が終わったら同僚と夜の街に繰り出し、ハイ
ボール片手に愚痴を語り合い、スッキリした気分になって、
深夜のタクシーで独身寮に帰る、これが若手社員時代の僕
のルーティンでした。

　銀行員といえば、一般的には "お金のプロ" だと思われて
いるかもしれませんが、実際はそんなことはありません。仕
事に必要な知識は学んでも、**自分のサイフ事情には全然関
心がない**、という人は、案外多かったのです。かくいう僕も
例外ではなく、そんな中の1人でした。

　担当する企業の決算書を眺めながら、経営状況の分析や
資金繰りのアドバイスをしていた一方、自分のお金に関して
はとんと無頓着で、**「気づいたらお金が減っている」「いつ
もお金に困っている」という状態**だったのです。

そんな僕が、**身のまわりのお金や社会のルール**に目を向け始めたのは、皮肉なことに銀行を辞めた後のことでした。

新規設立したばかりの会社で雇われ社長として働くことになった僕は、社員1人を新たに雇うときに必要になる手続きやコストの複雑さを目の当たりにし、驚くことになります。従業員の給与明細1つつくるにしても、1からつくるとなるといろいろな知識や計算が必要で、会社員時代の自分がいかに無知であったかを思い知らされました。

そして、会社の事務作業を自分でやったり、顧問の税理士さんと打ち合わせをしていく中で、サラリーマンの頃には意識すらしていなかった**税金のしくみ**も学びました。本を読んだり、ネットで調べたり、役所や行政官庁に相談しながら、会社の体制を少しずつ組み立てていきました。

この頃、いつも頭に思い浮かんでいたことがあります。

「ああ、会社と社員は平等なように見えて、全然**同じ土俵の上には立っていない**のだなぁ……」

これだけ複雑なしくみを会社側はほぼ完璧に理解し、その脇には顧問税理士や社会保険労務士といったプロがついているにもかかわらず、社員側はほぼ何もわかっていない。

圧倒的な戦力差。情報強者と情報弱者。

なんとなくそんな言葉が思い浮かび、「お金は非常に身近で重要なものであるのに、僕たちはお金について学校からも会社からもほとんど教えられることなく、一生を終えてしまう

はじめに

んだ」という、もどかしい気持ちがありました。

　その後、会社を離れて独立した僕は、ブログやTwitter
でお金や社会のしくみについて情報発信をするようになりま
した。「もう少し給料上がらないかな」といつも居酒屋で首
をかしげていた、若かりし頃の自分に届けるかのように。

　本書は、私・オロゴンが、主にTwitterで発信してきた解
説のエッセンスを、ストーリー形式に落とし込んだものです。
複雑でわかりにくいお金や税金の話を、なるべく身近にわか
りやすく捉えていただくべく、この形にしました。本編を補
足する形で、ところどころにコラムも用意してあります。肩
肘をはらずに、楽しみながら読んでもらえれば幸いです。

　また、本書は『サイフの穴をふさぐには？』というタイトル
のとおり、いつのまにかサイフの外へ出ていくお金の流れの
存在に気づき、お金の流出を食い止めることをテーマにした、
お金の"守り"を固めるための1冊です。

　一方で、お金の"攻め"の部分については、本書ではあ
まり言及していません。なぜなら「サイフの膨らませ方（＝お
金の増やし方）」を指南する本には、既にたくさんの名著が存
在するためです。本書を読んだ後に、「もっとお金を増やす
方法を知りたい！」と思われた方は、ぜひそのような本や成
功者に出会い、**さらに多くの知識を"インストール"してみて
ください**（ただし、リターンを得るには基本的にリスクもつきまといま
す。ウマすぎる話には必ず裏があります。そのことは、どうぞお忘れな

きよう)。

　ゲームでも、スポーツでも、受験勉強でも、**まずはルールを学ぶこと**から始まります。ルールを熟知し、その範囲内でゲームに勝つための戦略を練っていくわけですね。

　しかしながら、この人生という名のゲームについてはどうでしょう？　社会のルール、すなわち法律や経済のしくみ、税金のことについて、ほとんど何も知らないままフィールドを走り回っている人も多いのではないでしょうか。

　お金や社会のルールを知ることで、**世界の見え方はガラリと変わります**。ようやくゲームに参加するための準備がととのい、目標に向かって全力を出せるようになるのです。

　この本が皆さんのサイフの穴をふさぎ、この理不尽や不平等だらけの世界で幸せに暮らしていくための道しるべとなれれば、筆者としてこれ以上うれしいことはありません。

　また、本書を出すにあたり、YouTuberとしても大活躍されております税理士の大河内薫先生に、税務面での監修をいただきました。お忙しい中、ご協力くださいましたこと、この場を借りて、心より御礼を申し上げます。

オロゴン　@orogongon

はじめに 1

第 1 章 サイフの穴はどこにある？
知っておくべきお金のルール

プロローグ 10

COLUMN 1 キャッシュレス決済と現金払い 24

第 1 話 同級生の結婚式 28

COLUMN 2 "奨学金"は人生で初めての借金 39

第 2 話 給与明細を見てみよう 41
　　　　#給与明細の見方　#残業代の計算方法　#手取りと年収の違い

COLUMN 3 住宅手当と借り上げ社宅、どっちがおトク……？ 52

第 3 話 源泉徴収されている税金について知ろう 54
　　　　#源泉徴収　#所得税　#住民税　#累進課税制度

第 4 話 社会保険の制度を知ろう 75
　　　　#社会保険料　#健康保険　#年金　#失業保険

COLUMN 4 社会保険料の支払い額は減らせるの？ 94

第 **5** 話　会社の福利厚生制度を把握しよう ……………… 96

#住宅手当　#資格手当　#保養所　#公共サービス

第 **2** 章　サイフを狙う黒い影
知らなきゃハマるお金の落とし穴

第 **6** 話　インターネット上の詐欺にご用心！ …………… 108

#個人情報漏洩　#懸賞詐欺　#クレジットカード不正利用

COLUMN 5　インターネットを使った詐欺の手口 ………… 118

第 **7** 話　便利なクレジットカードの意外な落とし穴 ……… 121

#リボ払い　#クレジットカード不正利用

COLUMN 6　カードローンやリボ払い　毎月返済額のワナ ……… 131

第 **8** 話　連帯保証人のヤバすぎる末路 ………………… 134

#借金　#連帯保証人　#福利厚生制度

COLUMN 7　借金でクビが回らなくなってしまったらどうする？……… 151

第 **9** 話　数年ぶりのデート ……………………………… 157

第 **3** 章 サイフの穴をふさぐには？
お金に困らず生きていくために

第10話 この世界の根っこのルール ……………………………… 164

#資本主義　#日本型社会主義　#資本家と労働者　#投資

第11話 家計を見える化せよ！ ……………………………………… 180

#家計簿アプリ　#節約習慣　#格安SIM

COLUMN 8　いちばん大きな固定費"家賃" ……………………… 190

第12話 お金にお金を稼がせよ！ …………………………………… 193

#資産運用　#株　#投資信託　#国債　#NISA

COLUMN 9　貯金が苦手な人こそ活用したい"財形貯蓄" …… 216

COLUMN 10　NISAとiDeCoってなんだろう？ ………………… 218

第13話 押さえておきたいふるさと納税 ……………………… 225

#節税　#寄付　#確定申告

第14話 自分の身は自分で守れ！ …………………………………… 237

#投資詐欺　#マルチ商法　#デート商法

COLUMN 11　投資トラブルにご用心 …………………………………… 250

エピローグ ………………………………………………………………… 254
おわりに …………………………………………………………………… 258

ブックデザイン　三森健太（JUNGLE）
イラスト　　　　FUJIKO
図版・DTP　　荒木香樹

※ 本書の内容は2020年2月時点の情報に基づいて制作されており、法律や制度は随時変更される可能
　性がございます。最新の情報につきましては、各官公庁の資料・ホームページ等でご確認ください。

第 **1** 章

サイフの穴は どこにある？

知っておくべきお金のルール

プロローグ

「三崎クン、ちょっと……いいかな?」

聞きなれた声で名前を呼ばれ、モニターから顔を上げて課長の方へと向ける。こうやって呼ばれるのは、決まって何かをやらかしたときだ。今日は何のことで怒られるのだろう……。腹をくくって、課長の席へと向かう。

「提案書の中の"ワタナベ"部長の名前なんだけどサ。また間違ってるんだけど……?」

そう言いながら課長は、僕が1時間ほど前に提出した新製品の提案書を無造作にこちらへ突き出した。ライフメディカル社の渡邊部長、大口取引先のキーパーソンだ。提案書の表紙にはデカデカと**渡辺**様の文字が記載されている。

「すみません……すぐに直します……」

すると、課長の中で何かのスイッチが入ったのを感じた。

「いったいこれで何回目?　最近うちの娘がスマートスピーカー買ったんだけどさぁ、アレの方が人間よりよっぽど優秀だよ。命令すれば、一発で覚えてくれるんだから。ヘイ、ミサキ!　ワタナベ部長の表記は旧字体だから、二度と忘れないで!」

眉毛の端を釣り上げ、半笑いになっている課長の目は、1

ミリも笑っていない。

　「こういう些細なミスが大きなトラブルにつながることもあるわけでね？　キミもいい年なんだから、そろそろ自覚してくれないと困るよ。俺だってこんなことでいちいち怒りたくはないんだけどさぁ、キミのことを思って、心を鬼にして言ってるわけ。あっ、間違っても、パワハラだとか思わないでくれよ？　まぁ、これでも食べて落ち着いて、すぐ直して持ってきてちょーだい。オッケー、ミサキ？」

　そう言うと課長は、デスクの脇に置いてあった菓子パンを僕に向かってポンと投げた。僕はそれを空中でキャッチし、とぼとぼと自席に戻る。菓子パン1つ与えておけば、何を言っても許されるとでも思っているのだろうか？　課長は「アメとムチ」の使い方を、根本的なところで勘違いしている気がしてならない。

　僕はさくっと提案書を修正すると、ちょうど打ち合わせで離席中だった課長のデスクにポンと置いた。

　これでとりあえずはミッション達成。朝から働き詰めだった僕は、休憩スペースで一休みしようかとその場を立ち去ろうとしたが、やっぱり思い直して提案書にメモを添えておくことにした。

先ほどは失礼しました。再チェックよろしくお願いします。

　　　　　　　　　　　　　　　　　　　　　　　三崎

こういう小さなことが、会社員としての生きやすさに繋がったりする。僕は「やれやれ」とため息をつきながら、休憩スペースのあるビルの最上階へと向かった。

　　　　　　　　　　　‥‥‥‥‥‥‥‥‥‥‥‥‥‥‥‥‥‥‥‥‥

　数年前、社長肝いりで大幅にリニューアルされた会社の休憩スペースは、ビルのいちばん上のフロアにある。やたらデザイン性の高いカフェ風の内装で、フロアの端には人工芝で覆われた一角があり、「シェスタが原」の看板がかけられている。寝転んで昼寝ができるようになっているのだが、そこに横たわっているのは、ほとんど使われた形跡のないロングクッションだけだ。「ウチの会社の働き方改革で変わったのはこの休憩スペースの見た目だけ」とみんなが皮肉っているのを、どれだけの経営陣が知っているだろう。

　人工芝の横の自販機で、エナジードリンクを買ってノドに流し込む。人工甘味料のケミカルな甘ったるさとカフェインが、炭酸の爽快感とともに体の芯まで染みわたる。

　不思議なもので、これを飲むと、みるみるうちに脳が冴えわたるような気がしてくる。あのねちっこい課長の説教によって生成された不快感を綺麗さっぱり取り除いてくれるなら、200円くらい安いもんだ。ついでに課長から放り投げられた"戦利品"のビニール袋を開け、かぶりつく。

「うま……」

　無意識に口から出た言葉に、自虐的な笑みがこぼれた。

　休憩スペースの壁にかかった薄型テレビでは、夕方の報道

番組が流れている。一代で財を成したIT企業・GOGOCITYの後山社長が、人類初の宇宙旅行に行くことが決まったというニュースで、世間は持ちきりである。

　番組では、国内外の報道陣に向けて、社長本人が英語で会見している様子が中継されていた。彼が今回の宇宙旅行のために支払った"旅費"は数十億円とも言われている。アップで映し出された後山社長の目は少年のようにキラキラしていて、僕は思わずテレビから目をそらしてしまった。

　上場会社の社長になれば、給料の金額もケタ違いってことかぁ。宇宙に行くくらいの余裕があるなら、ほんのちょっとでいいから、僕にも分けてくれないもんかね……。

　そんな妄想を繰り広げていると、いつも暇つぶしに見ているSNS「ツブヤキグラム」で、後山社長の現金プレゼント企画が話題になっていたのを思い出した。あの企画に当選すれば、宇宙旅行にはほど遠いけど、こんな会社は辞めてしまって、今の生活を抜け出すことくらいはできそうだ。

　すぐさま「ツブヤキグラム」を開き、指を滑らせる。ようやく見つけた後山社長の投稿には、『緊急スペシャル還元企画！　儲かりすぎたので100万円を1,000人に配布します！』という文字が躍る。

　宝くじよりは確率高いよな……。

　僕は投稿にある手順のとおり"フォロー"と"拡散"のボタンをリズムよくタップし、現金プレゼント企画に応募した。

地元・千葉の高校を卒業し、都内の私立大学へ進学。新卒で中堅の機械メーカー・OROGONに就職してから早いもので4年半。28歳、貯金ナシ、彼女ナシ、もちろん独身。

　紺のスーツに身を包んだ姿は、可もなく不可もないごく普通のサラリーマンだが、その中身は中学を卒業したあたりから何ひとつ変わっていない。ただ、いたずらに年齢だけを重ねてきてしまった、そんな気がしてならない。

　僕の人生のクライマックスは大学時代だったように思う。奇跡的に有名私立大学に入ることができ、両親も泣いて喜んでいた。大学にいたあの5年間（1年留年）は、今みたいな不安やストレスもなく、毎日が最高に楽しかった。タイムマシンがあるなら、今すぐあの日々に戻りたい。

　しかし、残念ながら現実にはタイムマシンなどない。やりがいも感じられなければ成果も出せない、毎日怒られながら上司の命令に従うだけの、つまらない仕事があるのみだ。

　そんな現実を振り払うように缶に残ったエナジードリンクを飲み干すと、僕は重い腰を上げて休憩スペースを出た。

　デスクに戻ると、ちょうどそこで終業のチャイムが鳴った。課長はまだ、打ち合わせから戻っていないようだ。

　「まぁ、いいや。今日のところはもう帰ろう」

　どうせまた課長にイヤミを言われるのは明日の自分だ。そのめんどうな役回りは、彼にお任せすればいいだろう。

　デスク回りを軽く片づけると、僕はそそくさとオフィスを後にした。

下りエレベーターの中でスマホを開くと、同期の前田ケイイチからメッセージが入っていた。

　丸っこい牛のキャラクターがビールジョッキをあおっているイラストのスタンプ。いつもの飲みの誘いだ。

　今週も1週間頑張った。この華の金曜日のために頑張って仕事をしていると言っても過言ではない。

　もちろん返事は決まっている。「行く！」と返事をすると、すぐさま前田から、「じゃ、いつものブタフ集合で」という返信が返ってきた。"ブタフ"とは、前田が「コスパ最高の店」と褒めちぎるチェーン居酒屋「豚富豪」のことだ。

　この時間の山手線は、会社帰りのサラリーマンでかなり混雑している。僕と同じくらいの若手らしき人もいれば、中年や白髪頭の人も少なくない。一様に疲れた顔で、手元のスマホをぼんやりと眺めている。

　<u>僕はいつまでこの電車に揺られ続けるのだろう？</u>

　電車にのると、そんな問いに対する答えを毎日見せつけられているようで、ため息が出る。年金をもらえる年齢は上がっていると言うし、僕はあの人たちよりずっと年上になるまで、働き続けなければいけないのかもしれない。

　新宿駅で降り、金曜日の浮かれたムード漂う繁華街を歩いて、ブタフを目指す。店の中に入ると、先に着いていた前田が1杯目のビールをちょうど飲み終わるところだった。

　「おーう、おつかれ！　いつものでいいよな？」

そう言って彼はタッチパネル式のメニューを取り、慣れた手つきで「メガ・ハイボール（濃い目）」を2つ注文する。

　前田とは入社時研修のときに席が隣になって以来、週に2～3回のペースで飲みに行っている。入社してかれこれ4年半、はたして前田と飲むのはこれで何度目なのだろうか……。そんなことを考えているうちに、真っ白に霜のついた特大ジョッキが目の前にドンと置かれた。

　「では……、今週も1週間、お疲れさまー！」

　カツン！と音を立てて乾杯し、その魅惑的な黄金色の液体をグビグビと飲み干す。前田は一瞬で空になったジョッキをテーブルに置くと、堰を切ったようにしゃべり始めた。

　「それでさぁ、部長がそうしろって言うから、そのとおりにやったわけよ。そしたら取引先がカンカンに怒っちゃって、朝から菓子折り持って行って謝罪。毎日こんなんばっかりで、本当にイヤになるよ」

　前田との飲みの話題は、**8割がた仕事の愚痴**である。別の部署で、細かい事情はわからないが、前田も上司と馬が合わず苦労しているようだ。

　「ま、いつものことなんだけどな。それで、三崎、おまえは最近どうなの？」

　そう聞かれて、今日の課長とのエピソードを話そうかと口を開きかけたが、やめておいた。たしかに怒られた瞬間は頭に来たけれど、冷静になって考えてみれば、今日のミスは単なる自分の不注意でしかない。

「うーん……、特に変わりはないかな」

そう言うと、僕はまた前田の愚痴の聞き役に戻り、共通して読んでいる少年マンガの話など、たわいもない話題でひとしきり盛り上がった。

会計は割り勘にして1人4,000円ほど。いつも現金で支払う。一応クレジットカードも持ってはいるのだが、ネットショッピングくらいでしか使わない。昔から、**サイフに穴でもあいているんじゃないかと思うほど、お金があればついつい使ってしまう**タイプなので、こうしたお店での支払いでは極力使わないようにしている。日常的にクレカで支払いをするようになってしまったら、ついつい使い過ぎてしまう気がして不安なのだ。

「いやぁ、今日は飲んだわー。やっぱりブタフはコスパサイコー！ テンション爆上がり！ あ、明日休みだし、久しぶりにカラオケ行かね!?」

前田は大のカラオケ好きだ。「な？ いいだろ？ ちょっとだけ！」という前田の口車に乗せられて、結局今日も付き合うことになり、気づいたときにはいつものごとく、終電を逃していた。

「いやぁ、今日も食ったし、飲んだし、歌ったし！ 楽しかったわ、ありがとうな！ じゃ、また来週！」

赤ら顔でそう語る前田は、このうえなく幸せそうだ。

前田と別れ、走ってくるタクシーに向かって手を挙げると、目の前に黒い車が滑り込み後部座席のドアが開く。

17

この瞬間だけは、なんだか自分が偉くなったような錯覚を覚えるな……。そんなことを考えながら、僕は黒い合成皮革のシートに腰をおろした。

　　　　　　‥‥‥‥‥‥‥‥‥‥‥‥‥‥‥‥‥‥‥‥‥

「2,900円……か。いつもよりは、少し安かったかな」

　静かな深夜の住宅街で停まったタクシーを降り、見慣れたマンションのエントランスドアをくぐると、ようやく帰ってきたという安堵感に包まれる。

　玄関のドアを開け、電気をつけると、八畳ほどのワンルームが瞬時に光で満たされる。

　築3年足らずのこの部屋は、家賃9万円。少し高めではあるが、駅から徒歩7分というアクセスのよさと、1階がコンビニになっている利便性、そして何より、モノクロで統一された内装を一発で気に入り、内覧したその日に入居を決めた。当初の予算を1万円ほどオーバーしていたが、何か運命的なものを感じて契約を決めたのだった。

「三崎さんは本当にラッキーですよ！　この条件で、この賃料の物件はなかなか出ないんです」と太鼓判を押してくれた営業マン。彼は今も元気にしているだろうか。

　持っていたカバンを床に置いて、スーツを脱ぎ、いつものようにパイプ製ベッドにダイブする。両肩に乗っていた重力から解放され、ふわっと体が軽くなった。

「えーっと、スマホ、スマホ……」

　寝転がったまま、先ほどかけたばかりのスーツのポケット

第 1 章
プロローグ

からスマホを手に取る。

通知が来ていたのでメッセンジャーアプリを開くと、しばらく連絡を取っていなかった高校の同級生から連絡が入っていた。

「明日はよろしくね！」

一瞬何のことだかわからなかったが、ずいぶん前に彼の結婚式に招待されていたことを思い出した。

「たしかここに入れたはず……」いまや荷物置きになっている勉強机の引き出しから、招待状を引っ張り出してくる。

挙式の会場はグランドガーデンホテル品川。都内有数の高級ホテルだ。披露宴は11時からと書いてある。

「会費制……じゃないか」

案内状には会費の記載が見あたらない。ということは、いつもどおりのご祝儀制だ。

つい先月も別の結婚式があり、3万円の出費があったばかりだ。2カ月連続は正直言って厳しい。

「さすがに1万円ってわけにはいかないよな……」

財布の中を確認すると、数枚の千円札しか入っていない。毎月10日前後は、給料日前ということもあって、銀行の口座もすっからかんだ。

「うーん、困ったなぁ……」

3万円くらいなら、両親に頼めば貸してくれそうなものだが、明日の午前中となると送金してもらうのはむずかしそうだ。

どうしたものかと考えをめぐらせていると、クローゼットの

中にある開かずのダンボール箱のことを思い出した。

　もしかしたら、と思いながら箱を探ると、予想どおり、子どもの頃にお年玉を貯めていた**陶器製の貯金箱**が出てきた。ピンクのブタの形をしていて、久しぶりに見ると全然かわいくない顔をしている。手に取ると、小銭がたくさん入っているのか、ずっしりとした重みがある。

　子どもの頃からコツコツ貯めてきたお金を使うのは若干の抵抗があったが、背に腹は代えられない。

　意を決して貯金箱を机の上に置き、キッチンにあったタオルで丁寧にくるむ。そして、工具ボックスから取り出してきたハンマーを振り下ろそうとしたまさにそのとき、甲高い奇妙な声が聞こえた。

　ちょっ、ちょっと、待ちぃな！

　テレビもつけていない部屋でいきなり変な声が聞こえたことに驚き、思わず椅子に尻餅をつく。

 な、何だ!?!?

　すると、貯金箱をくるんでいるタオルがぴくりと動いた。
　恐る恐るタオルを開いてみると、横たえていたブタの貯金箱がのそのそと起き上がって、こちらを向いた。

あんたなぁ、ハンマーで叩き割るなんて、なんちゅー野蛮なことをするんや!

　こちらを睨(にら)みつけながらそうしゃべるブタは、陶器でできた胸を張って不満をあらわにした。
　幻覚を見ているのかと両目をゴシゴシこすったが、貯金箱のブタの目はまっすぐにこちらを向いている。たしかに今日はいつもより飲んだが、意識ははっきりしているぞ?

 おなかのところに"ふた"があるから、そっから取り出しい。自分の目は、節穴か?

　そう言うと、ブタは腹を見せるように仰向けにゴロリと転がった。たしかにそこには黒いゴムでできた丸いふたがあり、中のお金が取り出せるようになっている。
　まだ事態が上手く飲み込めないながらも貯金箱を手に取ると、ほんのり温かいような気もした。
　言われたとおりにふたを取り、机の上に中身を出してみる。たくさんの小銭の中に小さく畳まれた一万円札がちょうど3枚入っていた。

 あ、あった……たすかった……。

 結婚式のご祝儀なら、明日、銀行か郵便局で両替して

新札にした方がええと思うけどな。

 あのー、えーと、キミは……。

 なんや、小さいときからずっと一緒におったっちゅうのに、つれないな？　ま、驚くのも無理はないわな。わしゃ、**金と知恵の神、フゴー・マネーリテ**や。

 金と知恵の、……神？

 せや。まぁ、**フゴー**って呼んでくれたらええわ。

　フゴーはまるで十年来の友人であるかのようにフランクにしゃべりかけてくるが、まったく頭に入ってこない。だいたいこんな変な名前の神、聞いたことがないぞ!?
　しかし、目の前のブタの貯金箱がパクパクと口を動かし関西弁でしゃべっていることは紛れもない事実。やっぱり今日は疲れていて、悪い酔い方をしているのか……。

 ほんでなぁ、今回はたまたまワシがおってなんとかなったけどなぁ。自分、このままやと、**一生お金に困って暮らすことになる**で。

 え？

たしかに貯金はほとんどないし、こうして出費が重なり、一時的にお金に困ることはある。でも、ブランド物の服を買ったり、派手に遊んでいるわけではないし、少ない給料の中でやりくりしてなんとか暮らしているんだ。いきなり現れたブタにどうこう言われる筋合いはないだろう。

 いや、おまえに何がわかるって……。

 ま、明日も早いし、今日のところはもう寝とき。

　そう言うと、フゴーは急に目の光を失い、その後は話しかけても、つついても動かない、ただの貯金箱に戻った。
　すべてがコイツのペースに乗せられているようで釈然としないが、時刻は既に2時半過ぎ。"明日の結婚式に寝坊して遅刻"というシナリオだけは、何としてでも避けたい。
　モヤモヤとした気持ちを抱えながらも、僕は部屋の電気を消し、布団に入った。

キャッシュレス決済と現金払い

COLUMN 1

　この物語の主人公・三崎ソウタくんには、典型的なお金の貯まらないサラリーマンとして登場してもらっていますが、お金が貯まらない人と、賢くお金を貯めている人の間には、**お金の使い方にはっきりとした違い**がある気がしています。

　それはズバリ、現金の使い方。お金の貯まらない人が現金を使うのにこだわる一方、賢くお金を貯めている人ほど、**なるべく現金を使わない**ように工夫しているように思います。現金を使わない決済方法とは、クレジットカードや電子マネーなど、**キャッシュレス決済**と呼ばれるものですね。

　しかし、なるべく現金を使わずキャッシュレスで支払った方がお金が貯まるのは、なぜなのでしょうか？

　それは、キャッシュレス決済には**ポイント還元**が用意されていて、これを賢く活用することで結果的に**お金を節約**することができるためです。

　キャッシュレス決済と言うと、最近急速に普及したQRコード決済のことを指すように思いがちですが、それだけではありません。電車に乗るときに使うSuciaのような電子マネー、クレジットカードやデビットカードなど、**現金を使わない決済取引のことを全部ひっくるめてキャッシュレス決済**と呼び、それぞれ独自のポイント還元プログラムを用意してくれています。

　還元されるポイントは、基本的には0.5〜2%くらいのものが多いですが、ちりも積もれば山となる。この小さなポイ

COLUMN 1

さまざまなキャッシュレス決済

	電子マネー／プリペイド	QRコード／バーコード決済	クレジットカード	デビットカード
しくみ	事前にチャージして利用するプリペイド方式の決済手段。さまざまな会社が独自の電子マネーを発行している。カードを専用読み取り機にタッチして利用できるタイプのほか、スマホをかざして利用できるものもある。	スマホアプリで表示されるQRコードを読み込むことで、決済を行うしくみ。あらかじめサービスに登録し、自分のアカウントに残高をチャージしてから利用する。買い物などで利用できるほか、友人にお金を送金したい場合などにも利用ができ、近年急速に利用が広まっている。	カード会社と契約し、支払いを一時的に立て替えてもらうことで、その場で代金を支払うことなく商品やサービスを受け取ることができる後払い式の決済カード。作成には審査が必要で、年会費がかかるものもある。分割払いやリボ払いも選択できるが高い手数料がかかるため、一括払いが基本。支払いが遅れると遅延損害金が発生し、滞納履歴も残ってしまうので注意。	銀行口座と連動した決済カード。利用方法はクレジットカードと似ているが、決済するとその場で口座から代金が引き落とされる。利用するための審査は不要もしくは簡易で、16歳から作成することができる。
決済のタイミング	前払い（事前にチャージ）	前払い（事前にチャージ）	後払い	即時
代表的なサービス	Suica、PASMO、WAON、nanaco、楽天Edy、iDなど	PayPay、LINE PAY、メルペイ、楽天ペイなど	VISA、MasterCard、JCB、AmericanExpressなど	VISA、MasterCard、JCBなど銀行のキャッシュカードと一体になっているものも多い
使える場所	スーパー、コンビニ、小売店、公共交通機関など	コンビニ、小売店、飲食店、家電量販店、百貨店など	飲食店、小売店、百貨店、ネットショップなど	クレジットカードが使えるお店ならほぼ利用可能
ポイント還元率	0.5-2%ほど。カードの種類や利用する店舗によってさまざまなので、お店によって使い分けたい。	普段のポイント還元率は0.5-2%ほどだが、10-20%のポイント還元キャンペーンが実施されることがあるので、なるべくキャンペーン期間を狙って使いたい。	0.5-2%くらいが相場。カードの種類によって大きく異なるので、どのカードを利用するのか選ぶのもあり。特定の店舗でのお買い物が常に5%オフになるなどカードごとに特色もあるので、還元率の高いメインカードと自分の消費パターンに合わせたサブカードを複数枚組み合わせて使うのがおすすめ。	0.5-1%。相場としては、クレジットカードよりやや低めの傾向。

25

ント還元の積み重ねも年間で見れば、そこそこの金額になっているものです。

　また、ルミネカードやEPOSカードなど、セール期間に対象店舗で買い物をすると**代金が10%オフ**になるようなクレジットカードもありますし、航空会社のクレジットカードでは、**買い物で飛行機のマイルを貯める**ことで、国内・海外の往復航空券などと交換することができます。

　最近では、PayPayやLINE PAYなどのQRコード決済サービスで、ユーザー獲得のために**20%ものポイントが還元される**大盤振る舞いが繰り広げられることも珍しくありません。PayPayが2018年12月に行った20%還元キャンペーンの盛況ぶりはニュースでも取り上げられたので覚えている方も多いかもしれませんね。

　このようにキャッシュレス決済を使っていると、**落ちているお金を拾う機会**がたまにあるのですが、現金ばかりを使っている人はそうしたチャンスに巡り合うことがほぼありません。「めんどうだ」「むずかしそう」という階段を1段だけ上って、試しに使い始めてみてはどうでしょうか?

　また、2019年10月の消費増税に合わせて、経済産業省による**「キャッシュレス・ポイント還元事業」**も始まりました。これは対象店舗で買い物などをするときに、登録されたキャッシュレス決済の方法で支払うと**最大で5%のポイント還元**を得られるという内容のキャンペーンで、中〜小規模の小売店舗では5%、コンビニなどのフランチャイズ店では2%のポ

COLUMN 1

イント還元が受けられます（2020年6月末までの期間限定のキャンペーンです）。

　増税により、消費税は8%から10%に上がりましたが、このキャンペーンを利用すれば2〜5%分の還元が受けられるので、結果、**増税前よりもおトクに**買い物をすることもできるわけです。

　注目すべきは、インターネットショッピングも、この施策の対象になることです。楽天市場・Yahoo!ショッピングといったネットショッピングモールでは、中小規模のショップが多いため、ほとんどの買い物でこの恩恵を受けられます。また、Amazonで業者が直接出品している商品も同じく還元の対象です。僕は洋服から家電まで、買い物のほとんどをネットショッピングで行っており、消費増税前よりもむしろコストダウンしている実感があります。

　このポイント還元事業に充てられているのは、言うまでもなく**私たちの税金**です。言い換えれば、取られた税金を手元に取り返すチャンスとも言えるわけです。

　また、お金を現金として所有することは、それだけでコストがかかっているということも認識しておくといいと思います。

　キャッシュレス決済を活用すれば、銀行のATMに並ぶ時間やATM利用手数料を削減することができます。究極的には、サイフを持つ必要すらなくなるかもしれません。

　ぜひ、キャッシュレス決済を使いこなし、余計なコストやストレスから解放されてみてください。

第1話

同級生の結婚式

ゴツッ！

土曜日の朝、突然何か固いモノが顔の上に落ちてきて当たったような、鈍い痛みとともに目が覚めた。

「痛いなぁ……」と顔をさすりながらうっすら目を開けると、至近距離にブタの丸顔があり、ぎょっとする。

 おまえ！　やっぱり昨日のは夢じゃなかったんだな！

 夢なわけあるか！　起きや！　もう8時半やで！

まだ完全には起きていない耳元に、甲高い声が響く。

 ……8時半？　披露宴は11時からでしょ？　僕、朝は得意じゃないから、もう少し寝かせてくれないか。

そう言うと、フゴーはくるりと向きを変えてトコトコと勉強机の方へ歩いていき、招待状の白い封筒をくわえて持ってきた。中から小さなメモ用紙のようなものが、ベッドの上にはらりと落ちる。

同級生の結婚式 第1話

> 追伸
> 誠に恐縮ではございますが、結婚式にもご参列賜りたく、当日は午前9時25分までにお越しくださいますようお願い申し上げます。

 ……く、9時25分⁉

　最寄り駅の高円寺から会場のある品川までは、電車で30分ほどかかる。ホテルの場所はわからないし、途中でご祝儀袋を買って、新札への両替もしないといけない。今すぐに家を出てもかなりギリギリだ。

 そんな大事なこと、なんでこんなちっこい紙切れに書くんだ！

　半泣きになりながら、急いでスーツに着替える。髪には寝グセがついているが、シャワーを浴びている時間などない。机の上にあったワックスを、乱暴に髪に揉みこむ。

 ご祝儀袋はコンビニで買えばいいとして、新札に両替するのはどこですればいいのかな……？

 銀行の両替用ATMでできると思うで。

フゴーはそう言うと、ぴょこんと小さく飛び跳ねて、持っていく予定の黒いカバンの中に滑りこんだ。

 えっ、おまえも来んの!?

 当然や。今日からワシは、おまえの相棒やからな。

　もし、パーティー中にコイツがひょっこり出てきたりしたら……。そう思い、カバンの奥底に沈んだフゴーを取り出そうとしたが、まるで鉛が詰まっているかのように重たく、両手を使ってもとても持ち上げられそうになかった。

 ワシャ、こう見えても神やで？　逆らおうと思ったって、そうはいかん。もう時間もないし、観念しいや。

　意地悪そうにフゴーが微笑む。たしかにもう時間がない。
　僕はため息をつきながら、ブタの貯金箱が入ったカバンをつかむと、家を出て小走りで駅へ向かった。

・・・・・・・・・・・・・・・・・・・・・・・・・・・・・

　両替用のATMで新札に替えた3万円をコンビニで買った祝儀袋に詰め、ダッシュで会場のホテルへ向かうと、なんとか式の始まる時間ギリギリにチャペルへ滑り込むことができた。
　周囲には、卒業以来会っていなかったなつかしい同級生

第 1 章

同級生の結婚式　第 1 話

の顔もちらほら見える。

「それではただいまより新郎新婦の入場でございます」

アナウンスとともにオルガンの音が鳴り響き、ドアが開く。タキシードに身を包んだ友人とドレス姿の花嫁が並び、チャペルの中へとゆっくり入ってくる。高校のときは一緒にバカなことばかりやった友達だったけど、バージンロードを堂々と歩く新郎は、自分よりもずっとオトナに見えた。

これまで先輩の結婚式には出席したことがあったが、同級生の式というのは、これが初めてだ。「僕のときはどうなるのだろう。そもそも僕に結婚なんてできるのだろうか……」と複雑な気持ちになる。気のせいか、カバンの中から「やれやれ」というため息が聞こえたような気がした。

再び賛美歌が流れると、新郎新婦が退場して、披露宴会場へ移動する流れになった。フラワーシャワーを受けながら笑顔で歩く新郎新婦は、本当に幸せそうだ。今まで結婚に対してなんとも思っていなかったが、こんなに大勢の人に祝福される機会なんてそうあるもんじゃない。主役の2人は、さぞかし気分がいいのだろうな……。

披露宴会場のテーブルには、同じクラスの同級生がまとめられていて話題にはこと欠かなかった。どこの会社に勤めているのかという仕事の話、連休中に行った旅行の話、誰かが結婚するらしいという話や、家を買おうかと迷っているという話。みんな状況はさまざまだが、けっこう充実した生

活を送っているようだ。それに比べて僕の人生は……、いや、考えるのはやめとこう。

　フレンチのコース料理もいよいよメインの肉料理に差しかかったところで、外資系メーカーで働いているバリキャリ系女子・森本さんが、新しい話題を切り出した。

　「ところでさぁ、みんな貯金ってどのくらいしてるもの?」

　一瞬の間が空いた後、サッカー部出身で現在は商社に勤めている山本くんが、冗談ぽく笑いながら答える。

　「意識したことはなかったけど、70万くらいはあるかなぁ? でも、俺も来年あたり彼女にプロポーズしたいと思っていて……、もうちょっと貯めないとダメだよね」

　「やっぱりそっかぁ。そこそこお給料もらっても、家賃払ったり、なんだかんだで案外貯まらないよねぇ」

　すると、高校のときからまったく印象の変わらない、ザ・理系エリート松本くんがメガネを指で押し上げて口を開く。

　「毎月10万円の投資信託を積み立てていて、300万くらいにはなってるよ。僕らの世代は年金に期待できないからね。自分で貯めてかないといけないと思ってる」

　「なるほどねぇ。やっぱり投資信託か〜」

　みんなは感心した様子でウンウンとうなずいている。

　トウシシンタク?　何だそれ?　いわゆる株や投資ってやつか?　少し気になったものの、今日のご祝儀代を払うのすらギリギリだった僕には、きっと関係のない話だ。

　その後も僕のテーブルは、「貯金」やら「ローン」といった

お金の話でひとしきり盛り上がったが、まったく内容についていけない僕はひたすら置いてきぼりをくらい、テキトーにあいづちを打っているうちに披露宴は終わった。

披露宴がお開きになった後、幹事に二次会に誘われたが、会費が6,000円と聞いてあきらめた。「どうしても仕事があって……」と愛想笑いをして、会場のホテルを後にする。

時刻は15時で外はまだ明るい。結婚式の幸せな空気に包まれたまま二次会に向かう集団から1人離れると、急に僕だけ現実に引き戻されたようで、情けない気持ちになった。とはいえ会費が払えないのだからしようがない。

大きな引き出物の紙袋を引きずるようにしながら、とぼとぼと駅へ歩いていると、後ろから急に声をかけられた。

「三崎くん!」

振り返ると、同じテーブルにいた黒木アイコさんだった。高校生のときからおとなしい印象の子で、披露宴のときもあまり積極的にはしゃべっていなかったように思う。

「帰るの？　私も駅まで一緒に行ってもいいかな？」

彼女とは高校時代からほとんど話したことがなく多少面食らったが、断る理由も特にないので一緒に行くことにした。

「みんな、ちゃんといろんなこと考えてて、すごいなぁと思っちゃった。私ももっと、しっかりしなきゃな」

黒髪に紺のワンピース。はにかみながらそう語る彼女は、華やかな印象ではなかったが、近くで見ると案外可愛らしく、話を合わせたい一心で、貯金のことが口をついて出た。

「なかなか言えなかったけど、実は僕も、全然貯金なくて。今日のご祝儀代も、払えるかどうか怪しいくらいだったんだよ。みんなの話を聞きながらあせったなぁ」

そう言うと、黒木さんの表情がパッと明るくなる。

「えっ、ほんとに？　私も！　奨学金返すのがキツくて、貯金どころじゃないんだよね。同じ人いてよかった〜！」

「黒木さんも奨学金借りてたんだ！　実は僕もなんだよね」

歩きながらいろいろな話を彼女から聞いた。彼女は新卒で証券会社に入社したが、そこがかなりのブラック企業だったこと。体調を崩して辞めてからは派遣で事務の仕事をしていること。仕事は前より安定したが、給料は安く、家賃と奨学金の返済で大半が飛んでしまうということ。

「親からは、『早く結婚して仕事辞めちゃいなさい』なんて言われるんだけどね……、いまどきそんな簡単にいかないよね」

恥ずかしそうにそう話す黒木さんは、自分磨きや婚活に勤しんでいる他の女性たちの中にいると、なかなか目立ちにくいのかもしれない。

そんなことを考えているうちに駅に着いた。電車は彼女とは別の路線だ。すると黒木さんは、ハンドバッグからスマホを取り出しながら、驚きのひとことを放った。

「あ！　連絡先聞いてもいい？　よかったらまた話そうよ」

「えっ？　ああ……、あの、どうやってやるんだっけ……」

連絡先交換という慣れないイベントにあたふたしながらも、

34

なんとかQRコードを画面に映し彼女に差し出す。
「これでオッケー……と。ありがとう！　じゃあ、またね！」
　そう言うと、黒木さんは手を振りながら、別のホームへ続く階段を颯爽と上がっていった。

 なーに、鼻の下を伸ばしとるんや。

　黒木さんの姿が見えなくなるまで手を挙げたまま立ち尽くしていると、カバンの中から声が聞こえた。

 ちょっと！　外なんだから声出さないでくれよ！　他の人に見つかったら、どうするんだ！

 いや、ワシの声は自分以外には聞こえへんねん。

　たしかに、周囲の人が振り向いてもおかしくない独特の甲高い声、しかもクセのある関西弁でしゃべっているにもかかわらず、誰もフゴーに気づいている様子はない。どうやらこれも神様の特殊能力というやつらしい。

 しっかし、ほんまに単純やな、自分。さっきまで二次会に行けん言うて落ち込んどったのに、ちぃっとかわいい女の子と話しただけで、すっかり気いよくしてしもうて。

35

べっ、別にいいだろ？　少しくらい。女子と話す機会なんて、普段はほとんどないんだから！

　僕のいる部署はほとんどが男性社員で、わずかばかりの女性社員は全員が年上の既婚者だ。他の部署には若い女性社員もいるが、優秀な同期がバリバリ社内評価を上げる一方、昇進どころか下の世代に追い抜かれそうな僕は、悪い意味で浮いている。入社したばかりの頃は頻繁に誘われていた飲み会や他社との合コンにも、最近ではめっきり誘われなくなった。そういうわけで、久しぶりの女子との会話に舞い上がってしまったのは否めない。

 ま、別にそれはええんやけどな。お金のことは、行き当たりばったりではアカンで。昨日も言うたけど、このままやと自分、**お金に困って暮らす**ことになる。女の子と仲良うなったって、**金がなかったら結婚もできん**のやで。

　高い声で一気にそうまくしたてられて、カチンと来た。
　僕だって、これまでそれなりに頑張ってきたはずなのに。突然現れたおまえに、いったい何がわかると言うんだ。

 男は金じゃないだろ！　中身の方が大事に決まっ……。

 嘘やと思うんなら、これ見てみい！

そう言うとフゴーは、カバンの中からひょっこり顔を出して、何やらグラフの描いてある紙切れを差し出した。

30〜44歳有職者男性の年収別未婚率

500万円以上	32.20%
〜500万円	59.10%
〜400万円	64.60%
〜300万円	75.40%
〜200万円	86.00%
100万円未満	84.50%

※総務省『就業構造基本調査』（2017年）より筆者作成

 ゲッ、収入と未婚率には、こんなに露骨な相関があるのか……。僕の収入は、いくらぐらいだったっけ……。

悔しいけれど、僕の将来について明るいビジョンが見えない、というのはフゴーの言うとおりかもしれない。そろそろお金のことをちゃんと考えなければいけないということなのか……。

僕は考え直して、この生意気なブタの言うことに少しだけ耳をかたむけようという気になり始めていた。

🧒 ……じゃあ、お金のない僕はいったいどうすればいいって言うんだよ！

🐷 まずは、学ぶんや！　**お金と社会のルール**を、な。

🧒 お金と社会のルール？

🐷 そうや。ルールも知らずにスポーツするヤツがおるか？　おらんやろ？　同じように、**お金や社会にもルールがある**。それを知らんとぼんやり生きてる自分は、どっちが相手ゴールかもわからずにサッカーしてるようなもんや。

🧒 そんな……、どっちがゴールかわかんなかったら、試合で勝てるわけないじゃないか……。

🐷 安心せえ。ワシがみっちりと叩き込んでやるさかい。

🧒 ……わかったわかった。まずはその、ルールとやらを聞くことにするよ。

するとフゴーは満足したのか、急におとなしくなって気配を消した。
　僕は止めていた足を動かし、ホームへと向かった。

"奨学金"は人生で初めての借金

COLUMN 2

　今回は、ソウタの同級生・黒木さんも返済に苦しめられている"奨学金"についてのお話です。

　奨学金とは、学生を援助するために貸与または給付されるお金と制度自体のことを指します。現在、奨学金を借りている大学生の数は**学生全体の約半数**にものぼり、学生にとってはなくてはならない、とても身近な制度です。

　しかし、この奨学金によって、社会人としてスタートを切った直後から**生活に困ってしまう若者が後を絶ちません。**生活をラクにするために借りたはずの奨学金で、なぜこんなにも苦しむ人が出てくるのでしょうか?

　まず、僕はこの"奨学金"という名前に問題があると感じています。奨学金には、「貸与または給付される」とあるとおり、「返さなくていい給付型」と「返す義務のある貸与型」の2種類があります。**前者はもらえるお金、後者はただの借金**ですから、この2つはまったく別物なのですが、これが一緒くたに"奨学金"と呼ばれることで、借金である方の奨学金に危機感を感じにくくなっているのです。

　また、貸与型奨学金の落とし穴は、無審査・無担保で、誰でも比較的**簡単に1,000万円近くのお金を借りることができてしまう**という点です。

　社会人が借金をしようとする場合、「その人は借りたお金をキチンと返せるだけの経済力のある人かどうか?」を、金

融機関によって審査されます。当然、支払い能力を超える
お金は貸してくれませんし、それでもさらにお金を借りようと
する場合には、不動産などの担保が必要になります。

　しかし、学生は仕事についておらず、収入もない場合が
ほとんどなので、奨学金ではこうした**審査や担保なしでもお
金が借りられる**ようになっています。結果、自分の支払い能
力以上のお金を借りてしまうと、卒業後の返済が大変重く
なってしまうのです。

　日本学生支援機構の貸与型奨学金には、無利子（第1種）
のタイプと有利子（第2種）のタイプがありますが、有利子で
も金利は0.5〜3%と、一般的な融資に比べれば条件は優
良です（奨学金以外で、無利子でお金を貸してくれるまともな金融
機関はほとんどないでしょう）。

　また、返済がむずかしい場合には一定期間返済を猶予し
てくれるなど、セーフティネットも用意してくれています。

　しかしながら、いくら金利が低くても（無金利でも）、元金
だけで1,000万円近い借金をしてしまうと、卒業後の家計
は確実に大きく圧迫されてしまいます。

　利用者が多いので「みんな借りてるなら、私も借りとこう
かな」と、気軽に借りてしまいがちな奨学金ですが、**「貸与
型奨学金は借金**であり、**自分自身で返済しなければならな
い」**という認識をきちんと持ったうえで、必要以上に借りす
ぎてしまわないよう注意して活用することが大事です。

第 2 話

給与明細を
見てみよう

#給与明細の見方　#残業代の計算方法　#手取りと年収の違い

　家に着き、ワンルームの床にカバンと引き出物の入った紙袋を置くなり、ぴょこんとフゴーが飛び出した。

 いきなり飛び出されるとびっくりするからやめてよ。

　こちらのことなどおかまいなしに、フゴーはぴょんぴょんと本棚をつたって勉強机の上に上がる。

 ほな、さっそく始めるで!

　僕は「はいはい」と苦笑いをしながらスーツのジャケットをハンガーにかけると、ベッドの上に腰かけた。

 ほんならまずな、なんで自分はお財布も銀行口座もすっからかんで、今日二次会行けんかったか、わかるか?

 そりゃあ……、**給料が少ない**から?

　テーブルが同じだった同級生たちはきっと僕よりたくさん

給料をもらっているから、二次会の会費ぐらいの出費は痛く
もかゆくもないのではなかろうか。

　するとフゴーは、少し呆れた顔をしながら口を開く。

たしかに、結婚式は3万円以上かかるから若者に重
いっちゅうのはわかるけどな。そういうことじゃないんや
なぁ……まぁええわ、ほんなら自分、給料いくらもろう
てんねん?

毎月の給料ってこと?　23万円くらいかなあ?

それは、**額面**なん?　それとも**手取り**なん?

ガクメン?　テドリ?　わかんないけど、毎月口座に振り
込まれてる金額が、だいたいそのくらいだよ。

ほんならそれは**手取り**やな……。まず、そっからか……。
まず自分は、**収入**と**手取り**の違いがわかってへんねん。
収入っちゅうのは、会社から支払われる**給料の総額**のこ
とや。この「収」の文字を取って、1か月分なら月収、
1年分なら年収、やな。この収入のことは額面と言った
りもする。
　ほんで、**手取り**ちゅうのは、**実際に自分の手元にもらえ
る金額**のことや。自分の場合は、給料日に口座に振り

42

込まれる金額やな。
自分らサラリーマンは、収入から税金とか社会保険料とか**"控除"と呼ばれる分が天引き**されてんねん。だから、**手取りになると収入より金額がだいぶ減る**わけや。

フゴーはブゥブゥつぶやくと、思いついたように机にあったペンをくわえ、ノートを開いてさらさらと書き始めた。

収入（年収／月収）	給料の総支給額
手取り	実際に手元に入る金額。収入から税金や社会保険料などが控除された（差し引かれた）もの
所得	収入から必要経費を除いた、課税されるべき利益

急に知らない単語が次々と飛び出し、フゴーが書いたメモを慌てて読む。

 つまり、僕の口座に毎月振り込まれる23万円は**手取り**であって、**月収**ではないってこと？

そうや。**月収**にあたる支給額と、天引きされる金額の内訳は、毎月の**給与明細**に書いてある。ほな、給与明細、持ってきてみいな。

それが……、**給与明細、見たことない**んだよね……。

するとフゴーは、もともと丸い目をさらに丸くして驚く。

見たことない⁉ んなわけあるか! 毎月の給料と一緒に、紙でもらえるんちゃうんか?

 いや、うちの会社、給与明細はネットで見ることになってるみたいなんだよね……。たしか新入社員のときに説明されたんだけど、ログインの方法がめんどうで１回も開いたことないんだ。

フゴーは目を見開いたまま、しばらく固まった。
そして、「それは……罠やな」とぽつりとつぶやいた。

 ワナ……?

フゴーは妙に鋭い目つきで話を続ける。

 自分は、国と会社が用意した罠にまんまとハマっとんねん。ネットっちゅうことは、いつでも給与明細にアクセスして見られるっちゅうことやろ? むちゃ便利や。けどな、代わりに紙の明細を渡されることはなくなってしまった。見るも見ないも本人の自由や。すると、意識の高いヤツと、そうでない自分みたいなヤツとの間で**"情報格差"**がどんどん広がる。そして**"ジョウジャク（情報弱者）"は、不都合な真実から遠ざけられたまま、生きていく**ことになるんや。

話を終えると、フゴーはドヤ顔でブゥと鼻を鳴らした。

……いや、たかが給与明細で大げさじゃないか？　残業代がごまかされてる、なんてこともないだろうし……。

なんや、ことの重大さがイマイチ伝わってへんようやな。ま、実際に見て説明した方が早いやろ。とりあえず、システムにログインして給与明細を出してみぃ。

　僕は入社した頃に総務から配られた資料の束から、システムのログイン方法が記載された紙を見つけ出し、パソコンを立ち上げて、給与明細の画面にアクセスした。

お、見れた見れた！　**お金持ちへの第一関門突破や!**

　給与明細の画面には、表の中に項目と数字がびっしりと書かれている。思っていた以上に項目が多く、ぱっと見ただけでは、どこをどう見たらいいのかよくわからない。

自分、初めて見るんやんな？　ほんなら説明していくさかい、しっかり聞いときや。

　そう言ってフゴーは、モニターの横で説明を始める。

OROGON株式会社　令和×年10月分　給与明細書								
勤怠	出勤日数	残業日数	残業時間				総支給額	
	22	18	30				294,252	
支給	基本給	職務手当	通勤手当	時間外手当	住宅手当	資格手当	控除額合計	
	220,000		7,377	46,875	20,000		58,883	
控除	健康保険	厚生年金	雇用保険	介護保険	所得税	住民税	差引支給額	
	13,860	25,620	883	0	6,420	12,100	235,369	

 まず、さっきの"額面"と"手取り"の話に戻るけどな、手取りっちゅうのは、給与明細で言うと"差引支給額"にあたる。ここやな、この、いちばん右下の数字。

　そこに書かれているのは見覚えのある、通帳記帳したときに「給与」として入ってくるのとだいたい同じ金額。
　それにしても、この**差引**っていうのどういうことだ？　首をかしげている僕の横で、フゴーはかまわず続ける。

 ほんで、額面ちゅうのはこの給与明細上で言うと右上のココや。"総支給額"っていうところ。額面っちゅうのは本来、"お札や小切手なんかの表面に書かれた金額"のことを言うんやけど、「あいつの言うことは額面どおりには受け取れない」みたいに使ったりするやん？ つまり"手取り"に対して、あくまでも見かけの数字ってことで"額面"という言葉を使うんやな。そのまま"総支

給"って言ったりもする。

なるほど。そうすると、僕の先月の月収はだいたい29万4,000円で……、実際に口座に振り込まれる手取りの金額は23万5,000円!? ということは……。
なんだよ!? **6万円近くも会社に差し引かれてる**っていうこと!? 僕の額面の2割以上じゃん!
業界では名の通っている中堅企業のはずなのに、勝手にこんなに給料から天引きするなんて……。もしかして、ウチの会社はよく言うブラック企業というヤツ??

いや、**それが普通**や。別に自分の会社が特別ヒドいことをしてるわけやないで。

　そう言われても、自分の給料からこれだけのお金が引かれているという事実が、僕にはにわかには信じられなかった。

6万円もあったら、毎月ちょっとした旅行にも行けるし、そもそも今日みたいに、お金がなくて結婚式の二次会に参加できない、なんてことも起こらなかったじゃないか……。

まだ信じられんという顔をしとるな。この約6万円が、明細下段の"控除"っちゅう項目にあたるんやけど……。

まずは明細中段の"**支給**"欄からもう少しくわしく見ていこか。

茫然自失としている僕をよそに、フゴーは解説を続ける。

🐷 まず、基本給。これは残業とかを一切しない場合に払われる、**ベースになる給料**や。
で、"**時間外労働手当**"っていうのは、いわゆる残業代やな。何時間分の残業でこの金額になっているのかは、下にある勤怠欄を見ればわかる。自分のサラリーマンとしての時給は、残業代を残業時間で割り算すればだいたい計算できるっちゅうことやな。

自分の「時給」。社会人になってから、そんなこと気にしたこともなかった。さっそく電卓アプリを立ち上げて、計算をしてみる。

 30時間で46,875円だから、時給だと1,500円ちょっとか。

🐷 そういうことやな。ただ、これはあくまで残業したときの時給や。残業代ってのは、法律で**通常の時給の1.25倍**にすることに決まってるから、これをさらに1.25で割ってやると……、会社が自分に対して設定している**基本時給は1,250円**ってことになるな。この"自分の1時間の価値"は、

いつも意識しておいた方がええで。これは、ソウタのサラリーマンとしての価値を表す、1つの指標やからな。

時給1,250円か。学生時代にやっていたアルバイトの時給と比較してみると、さすがに少しは高く感じるけど……。……ん？ 待てよ？
あれ？ 入社したときの**基本給はたしか20万円**だったはずだよ。4年もたつのに、基本給が上がったのはたったの2万円……？

4年で2万円の月給アップっちゅうことは……、1カ月は土日除くと約22日あるから、毎日8時間勤務として196時間……。うん、**時給で言うたら、100円くらいのアップ**やなぁ。

100円!? 課長にさんざんイヤミを言われながら4年も働いたってのに？ もっと給料は上がっている気がしてたけど、あれは**残業分が増えただけ**ってこと……？

残念やけどそういうこっちゃ。まあ、これは多くのサラリーマンが勘違いしがちなところでな。会社に入って年を重ねると、責任も仕事も増える。その分残業が増え、残業代が増えたことを「給料が上がった」とある意味

勘違いしているんや。

フゴーの伝える悲しい現実に、僕は言葉を失ってしまう。

まあ、落ち込んでたってしゃあない。あと支給の欄にある残りの項目のうち、**通勤手当**は、1カ月分の交通費やな。で、**住宅手当**の2万円は、いわゆる家賃補助や。

普段意識したことなかったけど、そういう通勤や生活に必要になるお金も、会社が負担してくれているわけか。

そうやな。ただ、住宅手当は**会社独自の福利厚生**やから、会社によってはないところも多いんや。

そうなの？　みんながもらえるものじゃないんだ。

そうや。せやから、会社を選ぶときには、そういった**福利厚生面も総合的に見ておかなアカン**わけやな。
ほんなら次は、明細下段の"**控除**"欄の内容を説明していくで！　ここの"控除合計額"の欄の約6万円が自分の"**額面**"からさっぴかれて、"**手取り**"の金額になってる**っちゅうわけやな。

なるほど……、この"**控除**"が、僕が汗水たらして稼

50

いだ給料を減らしているヤツの正体ってことか。
いったいこの6万円は何に使われているものなんだろう
……?

ええか？　こっからが本題や。これから説明する"控除"
の部分が、めちゃくちゃ重要なポイントやから、耳の穴
をかっぽじって、よく聞くんやで……?

真剣な顔ですごむフゴーに、僕は思わず唾を飲みこんだ。

POINT

- 「額面」＝総支給額、会社から支給される給料の総額
- 「手取り」＝税金や社会保険料が引かれた後の、僕らが
  実際に手にするお金
- 給料の話になったら、それが「額面」なのか「手取り」なの
  かをハッキリさせておく
- 残業時間と残業代から、自分の「時給」が逆算できる
- 「基本給」と「残業代」の割合を頭に入れておく

住宅手当と借り上げ社宅、
どっちがおトク……？

COLUMN

3

さて、今回のコラムではソウタの給与明細にも出てきた、"住宅手当（家賃補助）"について補足をします。

代表的な福利厚生である住宅手当は、住居費の一部を給料に上乗せして会社が負担してくれる制度ですが、これは給料の一部と見なされるため、支給を受けた場合には、その分、税金や社会保険料がかかることになります。

たとえば、年収350万円の会社員が、住宅手当を毎月5万円受け取るとすると、給料から天引きされる税金や社会保険料は下記のとおりに増えることになります。

所得税	6,420円→8,040円　1,620円増える
住民税	2,900円ほど増える（翌年から）
健康保険	14,850円→16,830円　1,980円増える
厚生年金	27,450円→31,110円　3,660円増える

つまり、せっかく5万円分の住宅手当を受けていても、1万円ほど税金・社会保険料が増え、**実質的な手取りには約4万円分のプラスにしかならない**ということになります。

「家賃－住宅手当＝自分で負担する家賃」と単純計算で考えてしまいがちですが、この計算式には「増加した分の税金・社会保険料」が入っていないため、実際の負担はもう少し高くなる、ということですね。さらに年収が高い人は、所

得税率などが上がるため、実質負担の家賃の割合はさらに高くなってしまいます。

一方で、住居に関する福利厚生には、たとえば家賃9万円の部屋を会社が契約（借り上げ）し、それを社員に4万円で貸すという借り上げ社宅の方式もあります。

これであれば、**社員の収入が増えるわけではありません**ので、税金や社会保険料は上がらず、差額の5万円分のメリットを社員がフルに享受することができるのです。

また、社会保険料は労使折半（保険料の半分を加入者が、半分を企業が負担するしくみ）になっているため、住宅手当で家賃を補助とすると、企業が払う社会保険料も増えます。

つまり、**社員にとっても、企業にとっても、住宅手当より借り上げ社宅の方がおトク**になります。

ただし、借り上げ社宅は家の契約や賃料の支払いをすべて会社側で行う必要があるため、会社側の手間は増えます。

そういう理由で、お金を支給するだけで済む住宅手当にしている会社も多いのです。

第 3 話

源泉徴収されている 税金について知ろう

#源泉徴収　#所得税　#住民税　#累進課税制度

給料から天引きで控除されるお金の種類
【税金】
所得税、住民税

【社会保険料】
健康保険料、介護保険料、厚生年金保険料、雇用保険料

　フゴーはまたも綺麗な字で、給与明細票の"控除"の欄に載っていた項目の一覧をノートに書き出した。

 まず基本からやけどな、この国では一定以上の収入を得る**"税金"**と**"社会保険料"**を納めることになる。税金はなんとなくわかると思うけど、社会保険料っちゅうのは**"健康保険"**とか**"年金"**といった、国が社会全体で運用している保険にかかる個人の負担金のことやな。これは民間の保険と違って**国民は必ず払わなアカン**し、さまざまな社会サービスを受けるための対価でもあるから、税金と社会保険料をひっくるめて**"日本で暮**

源泉徴収されている税金について知ろう

らすためのサービス料"</u>と考えても問題ないわけや。

そうか。僕らが安全に生活できるのは消防や警察があるおかげだし、日本で生きてるってだけで、ほかにもいろんな"サービス"の恩恵を受けているんだね。

そういうことや。普段なんとなく生活してると意識せえへんのやけど、サービスには金がかかる。そしてその"サービス料"は、**自分らがきっちり負担しとる**というわけや。ほんならこの"サービス料"が、どうして給料からさっぴかれるのか。考えたことあるか?

え？ 法律でそう決まってるからじゃないの？

そうやない。そもそもどうして、給料からこのサービス料を**「天引き」**するしくみになってるのか?ってこっちゃ。こういう「そもそも」とか「どうして」を考えるのは大事なことやで？ ほな、1つヒントをやろか。「天引き」したら<u>**得するのは誰やろか?**</u>

そりゃあ、会社に決まってるんじゃ……、あれ？ 待てよ？ 考えてみれば、僕らの給料から差し引かれた税金は、会社のふところに入るわけじゃないのか……？

55

🐷 そう、会社は社員から天引きした税金や社会保険料を、後で**まとめて国に納付してる**んや。いわば、会社は**税金と社会保険料徴収の代理店**なんやな。

🧒 会社が税金と社会保険料の徴収代理店!?

🐷 そや。なぜかっちゅうと、従業員にかかる**社会保険料の半分は会社が負担する**ことになっとるからや。金額を計算し、社員から天引きした分と合わせて納付するのが会社の義務であり、別に好きでやっとるわけちゃうんやな。

🧒 会社は、めんどうな計算や事務を行い、個人の代わりに納税したうえに、社会保険料を半分も負担させられているわけか。ちょっぴり会社が気の毒になってきたな。

🐷 ま、会社としては国に払うのも社員に給料として払うのも、出費としては同じことやからな。国に払わなければ個人がもらえるはずのお金っちゅうことで、**結局は個人がすべて負担してるのと同じ**、って考え方もあるけどな。あと、税金や社会保険料を「天引き」するイチバンの理由は、それが国にとって**いちばんラクで取りっぱぐれがない**からや。

「ラクで取りっぱぐれがない」……言われてみればたしかにそうかも……。

ほんで、給料から所得税が天引きされるしくみのことを**"源泉徴収"**と言うんや。給料という湧き水が湧いたそばから、ごっそり徴収してしまうっちゅうことやな。"源泉"なんて、昔の官僚はほんまうまいこと名付けたなぁ。

湧き出たそばから綺麗な水を持っていくから"源泉徴収"……、なんてイヤな名前なんだ！

人間、一度もらったモノを取り上げられるのには抵抗するけど、こうやって**あらかじめ引かれると、引かれてることにすら気づかん**人間も出てくる。多くの人が、「そういうルールだから」ってなんとなく納得して、天引きされてるお金のことなどまったく気にせずに生きてるんや。

そう言うとフゴーは横目で僕を見た。たしかに僕は今日、給与明細を初めてちゃんと見て、これだけのお金が天引きされている事実を知り、**初めてチクリとした痛みを感じた**。さっきまで何も知らずに、幸せに生きてきたというのに……。

ん？　待って。**所得税と住民税って税金が2種類あるけど、そもそも何がどう違うわけ？**

お！　ええな。さっそく「そもそも」が出たな！　その意気や。ほんなら、この税金２つを比較して説明するわな。

フゴーはまたしても、器用にノートにペンを走らせる。

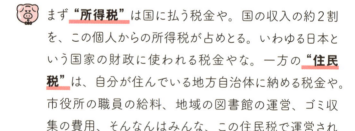

	所得税	住民税
納税先	国	地方自治体（住んでいる都道府県と市区町村）
計算の基準 ※会社員の場合	その年の給与収入	前年１年間の給与収入
支払い方法 ※会社員の場合	給与天引き（源泉徴収） →分割前払いし、年末に「年末調整」	給与天引き（特別徴収） →確定分を翌年に分割後払い
税率	累進課税 （課税所得に応じて5〜45％）	一律10％（市区町村へ６％、都道府県へ４％）
主な使いみち	医療・年金などの社会保障費、地方交付税交付金、道路・公園等の整備(公共事業関係費)、防衛費など	教育、健康福祉、消防、救急、ゴミ処理などの地域住民の生活に必要な行政サービスの運営費

 まず**"所得税"**は国に払う税金や。国の収入の約２割を、この個人からの所得税が占めとる。いわゆる日本という国家の財政に使われる税金やな。一方の**"住民税"**は、自分が住んでいる地方自治体に納める税金や。市役所の職員の給料、地域の図書館の運営、ゴミ収集の費用、そんなんはみんな、この住民税で運営されてるわけやな。

こうして見ると、所得税と住民税ってけっこう違うところがあるね。所得税は**その年の**、住民税は**前年の**給与

源泉徴収されている税金について知ろう 第3話

収入が、税金の計算の基準になってたりとか。

そのとおり。本来所得税の金額っちゅうのは、**1年終わってみないと確定しない**。実は、毎月給料から天引きされている所得税の金額は、「この月給ならこれくらい」っちゅう**大まかな金額を前払い**で引かれているに過ぎないんや。

大まかな金額？

そうや。そこで所得税の源泉徴収制度には、**年末調整**というしくみがセットで存在するんや。12月の給料とボーナスが確定すれば、その年の個人の給与収入、つまり**年収が確定**するやろ？ そしたら、年収をもとに計算される**所得税の額もそこで確定**する。その確定した所得税と、12月までに前払いで徴収しておいたお金との**差額を調整**するわけや。**前払いした分が多ければ返金される**し、逆に足りなければ追加で払わなアカンということやな。

年末調整……、思い出した。12月に総務から依頼されるアレだ。よくわからずに適当にやり過ごしてきたけど、あれは払いすぎた税金を取り戻すための作業だったのか。

59

じゃあ、年末調整で返ってくるお金っていうのは、それまで**自分が払い過ぎてた税金**ってこと？　いつも戻ってきたお金で、**パーッと飲みに行ってしまってた**んだけど……。

そういう人けっこうおるんやけどな。年末調整でお金が返ってくるちゅうのは、一度自分のサイフから抜かれたお金をまた戻してもらうような話なんや。もし、それを知らんと、**臨時ボーナスみたいに勘違い**しとるんやとしたら……。

そう言いながら、フゴーの目が冷ややかに光る。
　たしかに僕は年末調整で返ってくるお金のことをボーナスみたいに喜んでいた。今考えたら、マヌケな話だ。

これまた、「そもそも」なんだけど、税金っていうのはいったいどうやって計算されるの？

"**課税所得**"と言って、税金を計算するときの基準の金額に税率をかけることで決まるんやな。

課税所得×税率＝税金金額ってことか……。

そうや。そして課税所得とは、**売上や収入から仕入れ代や経費を引いた金額**（＝所得）から、**税金が免除され**

源泉徴収されている税金について知ろう

る金額（＝各種所得控除）を引いた金額のことや。図にしてみると、こんなかんじやな。

自営業・フリーランス等

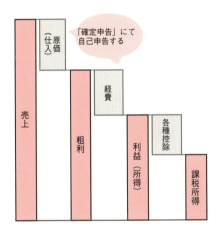

サラリーマン
（給与所得のみの場合）

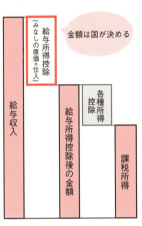

 自営業の人たちとサラリーマンで、少ししくみが違うんだね。

せやな。**サラリーマンは給料制**なわけやけど、**自営業の人たちは、"元手"が必要**になる商売をして生計を立てとるっちゅうところに違いがある。
たとえば八百屋さんは、お客さんに売るための野菜を市場から**"仕入'"** するためのお金が必要やし、お店

61

を運営するための家賃・水道光熱費とか人件費という**"経費"**がかかってくる。そういう"仕入れ代"やら"経費"を**売上から引いて手元に残る利益**を計算せないかんのやな。

なるほどね。考えたことなかったけど、僕ら**サラリーマンと自営業の人はお金の稼ぎ方自体が全然違う**んだな。

そういうこっちゃ。自分で商売やってる人の売上や経費っちゅうのは人によってバラバラやから、自分たちで1年分の数字を集計して、自己申告するしかないわけや。それぞれが自分の税金の額を**"確定"**させて、税務署に**"申告"**するから、その作業を**「確定申告」**ちゅうわけやな。

確定申告……なんとなく聞いたことはあったけど、あれはサラリーマン以外の人が税金を申告するための作業のことだったのか。
僕らサラリーマンの方の図には、**給与所得控除**……？「みなしの原価＋仕入」って書いてあるけど、これは？

サラリーマンの場合も、たとえば会社に着ていく服買ったり、仕事に必要な勉強をするための本買ったりと、まあ**働くために実際問題いろいろとお金はかかる**やん？

たしかに……、僕も会社にはスーツを着ていくのがルールだから、当たり前のように自分のお金で買っているけど、よく考えたらこれは"必要経費"だよな……。

そう。それなのに、経費として申告する機会がないのは、**自営業と比べて不公平**やろってことで、国が一律で決めた経費が、**給与所得控除**として設定されているんや。

じゃ、僕のスーツ代も考え方としては一応経費に織り込まれてるようなものなんだね。

フゴーは話をしながら、僕のスマホで何やら検索し始めた。

あった！　これがその**給与所得控除の計算式**や！

給与等の収入金額（額面の年収）	給与所得控除額
180万円以下	収入金額×40％－10万円 （上記の計算式で55万円に満たない場合には、55万円）
180～360万円	収入金額×30％＋8万円
360～660万円	収入金額×20％＋44万円
660～850万円	入金額×10％＋110万円
850万円超	195万円（上限）

ふーん。年収が上がるほど給与所得控除の割合は減って、年収850万円を超えたら**頭打ちになる**のか……。

 うむ。2012年までは、この給与所得控除には**上限がなかった**んやけど、2013年に年収1,500万円以上の層に245万円という上限が設けられた。これを皮切りに**年々少しずつ、年収の低い層にまで、上限が設定されていってる**な。

 え? それって、認めてもらえる経費が少なくなるんだから……**実質的に増税**ってことじゃないか?

給与所得控除の変遷

年収	2012年	2013年	2016年	2017年	2020年(※)
162.5万円以下	65万円	65万円	65万円	65万円	55万円
162.5万円超 180万円以下	年収×40%	年収×40%	年収×40%	年収×40%	年収×40% −10万円
180万円超 360万円以下	年収×30% +18万円	年収×30% +18万円	年収×30% +18万円	年収×30% +18万円	年収×30% +8万円
360万円超 660万円以下	年収×20% +54万円	年収×20% +54万円	年収×20% +54万円	年収×20% +54万円	年収×20% +44万円
660万円超 850万円以下	年収×10% +120万円	年収×10% +120万円	年収×10% +120万円	年収×10% +120万円	年収×10% +110万円
850万円超 1,000万円以下	年収×10% +120万円	年収×10% +120万円	年収×10% +120万円	年収×10% +120万円	195万円
1,000万円超 1,200万円以下	年収×5% +170万円	年収×5% +170万円	年収×5% +170万円	220万円	195万円
1200万円超 1,500万円以下	年収×5% +170万円	年収×5% +170万円	230万円	220万円	195万円
1,500万円超	年収×5% +170万円	245万円	230万円	220万円	195万円

※ただし、2020年改正においては、同時に基礎控除が10万円増加するので、850万円以下の人は実質変更なし。年収850万円超の人も、23歳未満の子供や介護を要する家族がいる場合は影響がないよう調整が入る

源泉徴収されている税金について知ろう 第1章 第3話

 そう、そうなんや。"給与所得控除"は、**国が一律に決めている**と言うけど、逆にいうとそれは、**国のさじ加減でどうとでもなる**、ということなんや。

たしかに、消費税が上がるときには、いろんなところで議論が巻き起こったし、反対意見も出たけれど、こうやって**給与所得控除**がこっそり減らされていても、よほどしくみを理解していて、かつ関心を持って調べている人でない限り気づきっこない。

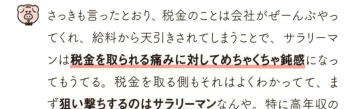 さっきも言ったとおり、税金のことは会社がぜーんぶやってくれ、給料から天引きされてしまうことで、サラリーマンは**税金を取られる痛みに対してめちゃくちゃ鈍感**になってもうてる。税金を取る側もそれはよくわかってて、まず**狙い撃ちするのはサラリーマン**なんや。特に高年収の人は数も少なくて、世間からの反対も出にくいからな。

国もなかなか、えげつないことするんだな……。サラリーマンが必死に年収を上げても、真っ先に増税のターゲットにされてしまうなんて、なんだか虚しい話だね。

じゃあ、**"税金計算のキホンのキ"**がわかったところで、自分の場合を具体的に見てみよか！ 「**源泉徴収票**」っ

てわかるか？　持ってきてくれへん？

げんせんちょうしゅう……ひょう？　そういえば、毎年1月に、そんな名前の小さい紙をもらうような……。

自分の会社、給与明細が見れるんやから、源泉徴収票もネット上のシステムで見れるんちゃうん？

　フゴーの提案どおり、パソコンで給与明細システムを少し探してみると、すぐに見つけることができた。

サラリーマンの場合は、会社が国の税金徴収代理店をしているから、一部例外を除いて個別に確定申告する必要はない。その代理店である会社が「**税金をあなたからはこれだけ徴収しました**」って教えてくれるのが、この**"源泉徴収票"**ってわけやな。

なるほど、そういう意味の紙だったのか。今まで何も知らずになんとなく受け取っていたよ。

ほな、この源泉徴収票の見方を説明していくで！
まず、①の**支払金額**ちゅうヤツが、給与、残業代、ボーナス、各種手当を含めた**1年間の"額面"の給料**、つまり自分の**正式な年収**や。

66

第 1 章

源泉徴収されている税金について知ろう　第 3 話

令和　○　年分　給与所得の源泉徴収票				

支払を受ける者　住所又は居所　東京都○○区□□1-2-3-309

（受給者番号）

（個人番号）

（役職名）　主任

氏名　（フリガナ）　ミサキ　ソウタ　三崎ソウタ

種　別	支　払　金　額	給与所得控除後の金額	所得控除の額の合計額	源泉徴収税額
給料	①　内　　　　円　4,642,500	②　3,274,000	③　内　　　　円　1,210,996	④　円　108,800

（源泉）控除対象配偶者		配偶者（特別）控除の額	控除対象扶養親族の数（配偶者を除く。）						16歳未満扶養親族の数	障害者の数（本人を除く。）		非居住者である親族の数
の有無等	老人		特定		老人		その他			特別	その他	
有　従有		円	人　従人	内　人	従人	人	従人	人	内　人	人	人	人

社会保険料等の金額	生命保険料の控除額	地震保険料の控除額	住宅借入金等特別控除の額
内　　　　円　690,996	円　40,000	円　0	円　0

※復興所得税は除く

つまり僕の去年の年収は、464万円……ってことか。

ほんで次が、②の**給与所得控除後の金額**。これがさっきの"給与所得控除"を①から引いた後の金額や。

僕の**給与所得控除**はさっきの表のとおりだと……えーと……464万2500円　×20%＋44万　円　で、**136万8500円**、これが差し引かれたのが②にある金額ってことだね。

そして③"**所得控除の額の合計額**"。これは、所得からさらにマイナスしてもらえる金額の合計のこと、つまり**税金をまけてもらえる金額**のことやな。

67

所得からさらにマイナス？ どんなものがあるの？

 たとえば、奥さんがいたら**"配偶者控除"**、16歳以上の家族を養ってたら**"扶養控除"**て具合に、個別の状況に応じて認めてもらえる控除がいろいろあるんや。1年間支払った**社会保険料**もここに入る。この控除は**節税にも直結**するから、いずれまた勉強するとええで。

主な控除の一覧

基礎控除	すべての課税者について、一律に適用される控除
医療費控除	一部の入院治療代、介護費用などについて適用される控除
寄附金控除	災害の義援金など、寄附した金額について適用される控除
障害者控除	納税者自身や扶養親族に障害者がいる場合に適用される控除
寡婦（夫）控除	配偶者と離婚・死別して、扶養すべき子どもなどがいる場合に適用される控除
勤労学生控除	給与を得て働いている学生・生徒で、所得が水準以下の場合に適用される控除
扶養控除	養うべき家族などがいる場合に適用される控除
配偶者控除／配偶者特別控除	一定水準以下の収入の配偶者がいる場合に適用される控除
社会保険料控除	自分自身の社会保険料を納めたとき、または、配偶者やその他の親族の負担すべき社会保険料を納めたときに適用される控除
生命保険料控除	一定の条件を備えた生命保険の保険料または掛金を支払った場合に適用される控除
地震保険料控除	特定の損害保険契約等に係る地震等損害部分の保険料又は掛金を支払った場合に適用される控除
小規模企業共済等掛金控除	小規模企業共済もしくはiDeCo等の掛金を支払った時に適用される控除

第1章 第3話
源泉徴収されている税金について知ろう

所得からマイナスってことは、**所得控除の金額が増えて課税所得が減る**、つまり**税金が少なくなる**のか！

そのとおり。そして、
②給与所得控除後の金額－③所得控除の額＝**課税所得**。
これでようやく、税金を計算するための基準となる**課税所得**が出るわけやな。
この課税所得×税率＝**④源泉徴収税額**なんや。

"**課税所得**"はいちばん大事な数字なのに、自分で引き算しないと出てこないんだね。なんか変なの……。

そうなんよなぁ。ワシもこの辺に、国の意地悪さを感じてしまうわ……ちなみに、この課税所得にかけ算される**所得税の税率**はこんな感じじゃ！ 所得税は**累進課税**と言って、所得が上がるほど税率が高くなるしくみになってるんや。

所得税の速算表（2020年2月現在）

課税される所得金額	税率	控除額
195万円以下	5%	0円
195万円を超え　330万円以下	10%	97,500円
330万円を超え　695万円以下	20%	427,500円
695万円を超え　900万円以下	23%	636,000円
900万円を超え　1,800万円以下	33%	1,536,000円
1,800万円を超え4,000万円以下	40%	2,796,000円
4,000万円超	45%	4,796,000円

69

えーと、僕の課税所得は②-③で約206万円。この表の所得税の税率は10％だから、所得税は×10％で20万6,000円……って、あれ？ さっきの源泉徴収票の数字にならないな……。

実は、所得税の累進課税っちゅうのは、**個人の中でも段階的に税率が上がるしくみ**になっててな。195万円までの分は5％、195～330万円は10％、330万円以上は20％というふうにそれぞれの税率をかけ、合計して計算するんや。せやから、まるっと課税所得に税率をかけても計算できひんのやな。**自分の所得税率が、どのレンジにあるのか**を知っておくのはとても大事なことやけどな！

（例）課税所得金額が650万円の場合の所得税額

課税所得金額　195　　330　　　　　650（万円）

| 税率5％ | 税率10％ | 税率20％ |

税率5％：195万円×0.05＝9万7,500円
税率10％：135万円×0.1＝13万5,000円
税率20％：320万円×0.2＝64万円
所得税額：
9万7,500円＋13万5,000円＋64万円＝87万2,500円

たしかに、所得税の税率は年収330万円の境目でいきなり税率が10%から20%に10%も上がってるから、単純計算だと大ごとだね。

案外、そうやって勘違いしてる人も多いんやけどな。
あと、所得税の税率表は速算表と言って、簡単に計算できるように右側に「控除額」ってのがついていてな。課税所得にまるっと税率をかけた後、この控除額を引いてやると、正確な所得税の金額が出るようになってるんや。便利やろ。

僕の場合は、206万3,004円×10%－9万7,500円＝10万8,800円……ホントだ。源泉徴収票どおりの数字になった。

しかし税金のしくみ、サイフに直結する話だってのに複雑である。いや、ちょっと待てよ……？ ほぼ全員に関係のある税金の話が、<u>学校でも会社でも全然教えられない</u>っていうのはちょっとおかしくないか……？ 僕が授業や研修をよく聞いていなかっただけだろうか……。

お金のこと、特にこういう天引きされる税金について、学校や会社で丁寧に教えてもらえるっちゅうことはまずないんや。なんでやと思う？

僕の心を読んだかのようにフゴーが口を開く。

国民が豊かに暮らすために教育があるなら、学校でも税金について絶対教えるべきなのに……。どうしてだろう……。

国としては、国民が税金に対して無関心・無意識でいてくれたら、**なんの抵抗もなく税金が徴収**できるよな。特にサラリーマンなんか、説明したとおり、会社が代理で徴収してくれるシステムがととのってるから、**自動的にお金を吸い上げられる**ようなもんや。だから、税金や経済のことは学校ではほとんど教えずに、社会人になって働き出して、みんななんやようわからんうちに税金を払うようになってくれた方が都合がええんやな。

そんな、そんなのまるで**「家畜」みたい**じゃないか！

その「家畜」状態を抜け出して、豊かに生きてこうと思ったら、お金を守るための**マネーリテラシー**という武器を身につけ、**自分のカネは自分で守ってかなアカン**のや。

マネー……リテラシー……？

ようするに**お金の知識**やな。まあ一朝一夕では身につ

KADOKAWA　毎週多数セミナー大好評開催中！

知は最高のエンタテインメントだ
「学ぶ・稼ぐ・創る」を応援する

KADOKAWA ビジネスセミナー

新しい時代とは、すなわち「個」が際立つ時代。
そこで何を学び、どのように新しい価値を創り上げるのか？

教養からノウハウまで、
超一流の講師が結集した
ビジネスセミナー

多種多様なメニューをご用意
KADOKAWAだから実現した、
「法人向け研修・講演プログラム」

あなたも未来の著者になれる！
大手出版エージェントと連携した
著者養成講座

ほかでは絶対に体験できない
KADOKAWAならではのコンテンツに
ご期待ください！

詳しくはQRコードまたはURLをチェック！

https://kdq.jp/vbr9c

＊日時・内容は変更になる場合があります。
＊満席などの場合、チケットの用意ができない場合があります。
＊最新情報は上記ホームページにてご確認ください。

KADOKAWA
BUSINESS Salon

2大特典

Amazonギフト券&最新ビジネス書プレゼント！
ビジネスサロン無料登録受付中！

30秒で登録完了！

① 毎月抽選で
Amazonギフト券1,000円分と
ビジネス書最新刊が何度でも当たる！

無料登録するだけで毎月10名様にAmazonギフト券、
5名様にKADOKAWAビジネス書最新刊をプレゼント！

② 毎月更新
ビジネス書最新刊のPDF（1章分）を
メンバー全員にプレゼント！

3月の書籍はこちら！

『Think Disruption　アップルで学んだ「破壊的イノベーション」の再現性』　河南順一 著
『ニュー・エリート　新時代に求められる「キャリアサバイバル」』　ずんずん 著
『トップの教養　ビジネスエリートが使いこなす「武器としての知力」』　倉山満 著

最新セミナー情報からシークレットなご案内まで
メルマガでお届けします！
https://kdq.jp/kbs

※プレゼントPDF、書籍は毎月変更になります。
　最新情報は上記ホームページにてご確認ください。
※お名前、メールアドレス、簡易アンケートのみで、簡単にご登録いただけます。
　登録解除もすぐに可能です。
※Amazonギフト券は当選者様にコードにて配信いたします。
　カードを送付するものではございません。

かんけれども、まずは自分が**「何も知らない」ということを自覚して、危機感を持つこと**が第一歩や。

危機感……か。

　たしかに、これまで何も知らなかったことに比べれば、今日1日でずいぶん大きな進歩があったと言える。

ほな、今日はこの辺にしとこか。今日ワシが言うたこと、覚えといてな。明日はまた、新しいこと教えるさかい。しっかし、今日はちょっとしゃべりすぎて疲れたわ……。

　そう言うと、まるでコンピューターの電源が切れるかのようにフゴーの目からスッと輝きが消え、動きもしゃべりもしないただの貯金箱に戻った。
　僕は今まで、自分の知らなかったところで、税金を徴収されていた事実にモヤモヤしながら、その夜はなかなか寝つくことができなかった。

POINT

- サラリーマンの場合、会社が税金や社会保険料の徴収代理店として機能。計算と納付を代わりに行い、天引きというかたちで自動的に徴収されるようになっている
- 所得税は、給与に応じた大まかな金額を毎月前払いしている。「年末調整」で正確な税額を確定し、払いすぎていた分は還付される
- 自営業の人の仕入れ代や経費の代わりに、サラリーマンには「給与所得控除」が設定されている
- 「給与所得控除」は都合よく変更され続けている。特に、高年収層は年々実質的に増税されている傾向にある
- 「源泉徴収票」には、「年末調整」が終わり確定した年収と税金の金額が記載されている
- 所得税は"累進課税"制度によって、課税所得が上がるほど税率が高くなるようになっている

第 **4** 話

社会保険の
制度を知ろう

#社会保険料　#健康保険　#年金　#失業保険

　翌日の日曜日、僕はいつもより少し早めに目が覚めた。フゴーは既に起きていて、なんと昨日僕がもらってきた引き出物のバウムクーヘンを片手に、昔誰かにもらったまま台所の戸棚の奥に眠っていた日本酒を飲んでいた。

 えっ、その日本酒とバウムクーヘン……。

 ん？　ああ、これは昨日の講義の対価としてもらったで。神様直々の講義やからな、タダというわけにはいかん。

　もぐもぐとバウムクーヘンを頬張りながらフゴーは言う。ようするに、"お供え"みたいなものだろうか……。

 甘いものとお酒の組み合わせ、やっぱり最高やな！　よし！　ほんなら今日は、税金に続いて**社会保険**についての講義をしてやるで！　昨日使った給与明細、また出してくれるか！

 わっ、ちょっと待って。準備するから。

僕は顔を洗い、台所にあった菓子パンを片手にベッドへ戻り、パソコンを立ち上げて給与明細の画面を開いた。

ほんならさっそく始めるで！　今日のテーマは**社会保険**。そもそも保険ってどういうしくみか、わかっとるか？

保険？　事故や病気のときに備えて入る生命保険とか、火災保険とか、海外旅行に行くときに入る保険とか？

そう、民間の保険にもいろんな種類があるけどな、それぞれの保険に共通しているのは「起きる確率は低いけれど、もし起きたときのリスクに備えるために**みんなで少しずつお金を出し合って協力するしくみ**」ちゅうことや。

なるほどね。事故に遭う確率は低いけれど、万が一事故が起こったときのために、みんなで保険料を出し合っておく。運悪く事故に遭ってしまった人が出たら、その人にみんなから集めた保険金にあげる。そんな感じ？

そういうイメージや。民間の保険は、保険会社がそのとりまとめをしているわけやけど、社会保険は、国がとりまとめて**国民みんなで将来のリスクに備えるためのしくみ**なんやな。じゃ、まず"**健康保険**"から、説明していくで。

76

社会保険の制度を知ろう 第1章 第4話

健康保険
病気やケガ、それらによる休業、出産や死亡といった事態に備えるための公的な医療保険制度。サラリーマンなど、民間企業に勤めている人とその家族が加入できる。全国健康保険協会が運営するもの（協会けんぽ、都道府県毎に異なる）と独自の組合が運営するものがある。東京都の協会けんぽの場合、保険料は額面給与の9.9％を加入者と企業が折半で負担する

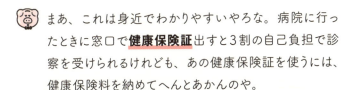 まあ、これは身近でわかりやすいやろな。病院に行ったときに窓口で<u>健康保険証</u>出すと3割の自己負担で診察を受けられるけれども、あの健康保険証を使うには、健康保険料を納めてへんとあかんのや。

えっ、そうだったの!?　健康保険証って、てっきり国民にタダで配られてるものなのかと思ってた……。病院が割引になるフリーパスみたいに考えてたけど、結局、これを利用するための保険料は、自分たちで払ってるのか……。

まあ、健康保険は**本人とその家族が加入できる**から、子どもの頃から親の健康保険で保険証使ってると、そう思うのも仕方ないかもしれへんけどな。でも、働き始めてからは**自分の給料から天引きされる**ようになる。自分

77

みたいな若者は、基本的には健康であんまし病院にも行かんから、たぶん多く払わされとる方やで。

たしかに社会人になってから、僕はほとんど病院に行ったことがない。ひどい風邪や花粉症のときは行くけど、それでも年に1回あるかどうかだ。

 そうだったのか……。せっかく払ってるなら、歯医者くらいには定期的に行った方がよさそうだね。

 そーゆーことや。いいか？　なんにしても**利用できるもんは利用する**、これくらいの考えを持って生きていかなアカン。あんまりがめつくなるのも考えもんやけど、**"元を取る"**ってのは大事な考え方やで。もうちょっとスマートに言えば、"コストパフォーマンス"ちゅうことやな。最近の若者やって、よく"コスパ"言うてるやろ？

そう言われ、僕は自分のお金の使い方を思い返してみる。スマホゲームにしても、前田との飲みにしても、いったい僕はどれだけの"元"が取れていると言えるのだろうか……。

 あと、健康保険について忘れず覚えておきたいのはな、**"高額療養費制度"**という超手厚いしくみのことや。

第1章 第4話
社会保険の制度を知ろう

高額療養費制度……？ なんだそれ？ 初めて聞いた気がするよ。

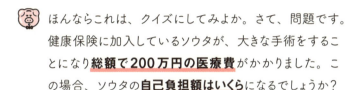
ほんならこれは、クイズにしてみよか。さて、問題です。健康保険に加入しているソウタが、大きな手術をすることになり**総額で200万円の医療費**がかかりました。この場合、ソウタの**自己負担額はいくら**になるでしょうか？

　チクタクチクタクと言いながら、リズミカルにフゴーが頭を振る。どうやらシンキングタイムということらしい。

そりゃあ……、僕の健康保険は、たしか3割負担だったはずだから、200万円の30%で60万円じゃないの？

するとフゴーはニヤリと微笑む。

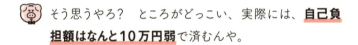
そう思うやろ？ ところがどっこい、実際には、**自己負担額はなんと10万円弱**で済むんや。

え？ たったそれだけ？ そしたら、僕が負担するはずだった、残りの50万円ちょっとはどうなるの？

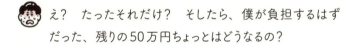
残りは健康保険から支払われるんや。実はな、日本の健康保険では、**毎月の自己負担の金額に上限値が決め**

79

られていて、それ以上のお金は健康保険から支払われるようになっとるんや。これを**高額療養費制度**と言う。

（参考）高額療養費制度による自己負担の上限額（70歳未満の方）

	所得区分	自己負担限度額	多数該当※2
ア	年収約1,160万円〜 （標準報酬月額83万円以上の方）	252,600円＋（総医療費※1−842,000円）×1%	140,100円
イ	年収約770万円〜1,160万円 （標準報酬月額53万〜79万円の方）	167,400円＋（総医療費※1−558,000円）×1%	93,000円
ウ	年収約370万円〜770万円 （標準報酬月額28万〜50万円の方）	80,100円＋（総医療費※1−267,000円）×1%	44,400円
エ	〜年収約370万円〜 （標準報酬月額26万円以下の方）	57,600円	44,400円
オ	住民税非課税者	35,400円	24,600円

※1　総医療費とは保険適用される診療費用の総額（10割）です。
※2　診療を受けた月以前の1年間に、3ヵ月以上の高額療養費の支給を受けた（限度額適用認定証を使用し、自己負担限度額を負担した場合も含む）場合には、4ヵ月目から「多数該当」となり、自己負担限度額がさらに軽減されます。

（出典：厚生労働省ホームページ）

すごい！　これなら、いくら病気になってもケガをしても、大金は必要ないってことか！　いい国だなぁ、日本て。

しかも4カ月目以降はさらに自己負担が減額される**"多数該当"**というしくみもあってな。仮に**半年ずっと入院**したとしても、だいたい"8万円×3カ月＋多数該当4.5万円×3カ月＝37.5万円"くらいの医療費で済むんや。

そしたら僕が新入社員のときに、会社の食堂で勧誘された**保険会社**の**医療保険**って……。

社会保険の制度を知ろう 第4話

 そう、健康保険制度はこれだけ手厚い内容になっとるさかい、ケガや病気のために**民間の医療保険に入る必要は必ずしもない**、とも言えるんやな。

 そんな……保険屋のおばちゃんは、そんな制度があるなんて、僕に一言も説明してくれなかったけど……。

 そら、保険屋も慈善事業でやっとるわけちゃうからな。いいか？ あの人たちの仕事は、1つでも多くの保険の契約を取ることなんや。中にはちゃんと親身になって相談にのってくれる営業の人もおるけど、そのことは忘れたらアカン。ま、そういうわけで、不要な医療保険に入ってると思うなら、**解約も検討した方がええ**な。

 「若くても何があるかわからないから、絶対入っておいた方が安心よ」と言われてなんとなく保険に加入してしまったけど、その"安心"は健康保険のしくみをきちんと知っていれば得られていたものだったのか……。

 ただ注意しなアカンのは、この高額療養費制度は健康保険の中のしくみやから、健康保険が適用されない**先進医療**を受けた場合は別になってしまう。あとは妊娠・出産というイベントはどれだけ健康体でも何があるかわからん。近いうちに妊娠を考えてる女の人も医療保険は検討した

81

らええと思う。

 なるほど。健康保険でカバーできないリスクは、民間の保険を活用して補うのが賢い保険の入り方ってことか。

 そうやな。まあある程度の突発的な出費も**貯蓄で対応**できるっちゅう考え方もある。どうしても、民間の保険には保険会社の利益が乗って保険料が割高になるからな。そしたら次は**介護保険**。これは逆に、今のソウタにはちょっと縁遠い項目や。

 うーんと、あれ？ 介護保険料は……0円？

　たしかに僕の給与明細には、介護保険料の欄はあるものの、金額は入っていない。

介護保険
介護による離職を減らすことを目的として、2000年に創設された公的な介護保険制度。40歳以上の人が加入対象となり、介護が必要になった際に1〜2割の自己負担で介護サービスを受けることができる

 介護保険は、**自分が介護が必要になったときの費用をサポート**してくれる保険や。健康保険と似てるんやけど、

自己負担1割で済むからもっと手厚い。**介護保険は40歳以上の人が保険料を払う**ことになっとるから、今の自分には関係ないんやけど、将来的には負担することになる。

最近は生涯独身の人も珍しくないし、国の保険で介護の不安がなくなるのはいいことだけど、**40歳を超えたら僕の社会保険料はさらに上がる**ってことか……。

まあ、自分が40歳になる頃には、また制度がいろいろ変わってるかもわからんけどな。

たしかに、フゴーの言うとおりだ。しかも、残念ながら、いい方向に変わるとはとても思えない……。

ほんなら次は、**"厚生年金保険料"**。これはけっこう大事やで？　いわゆる**"年金"**っちゅうやつや。

厚生年金保険
70歳未満の会社員・公務員が加入できる公的年金制度。加入者が負担する保険料は報酬月額の9.150%

うん、知ってるよ。定年退職した後に、**老後の生活費**として毎月もらえるお金のことだよね。僕が老後を迎え

る頃にはもらえない、なんて噂もあるみたいだけど……。

そう、最近は支給開始年齢が60歳から65歳に引き上げられたりもして、なんやみんな不安がってるけどな。まあまず、不安になる前に、日本の年金制度がどういうしくみになってるのかを理解しておいた方がええな。

そう言うとフゴーは、ペンをくわえノートに図を描いた。

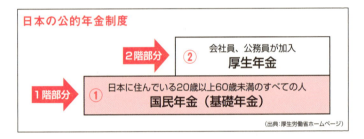

まず、日本の公的年金には、①日本に住んでいる20歳以上60歳未満のすべての人が加入する"**国民年金（基礎年金）**"と、②公務員や会社員が加入する"**厚生年金**"の2種類があり、こんな感じの**2階建ての構造**になっとるんやな。民間の保険会社などで個人年金をかける場合は、さらにその上に3階部分ができるわけや。

えっ、じゃあ、サラリーマン以外の人は、**1階部分の"国民年金"**しか受け取れないわけ？　それなら、サラ

リーマンの方がずいぶん得じゃない？

するとフゴーは、ノンノンと大きく首を振る。

🐷 得とか損とかっちゅうのは、ちょっとちゃう。サラリーマンは、自営業の人と違って手に職があったり店を持ってるわけやないから、**退職後は収入がなくなってしまう**人がほとんどやろ？　だから、そのへんを考慮してサラリーマンの方が手厚くされとるわけや。まあ手厚いと言ってもその分の保険料は払わされるんやけどな。

🧑 たしかに、八百屋さんならあまり年齢関係なく商売は続けられそうだね。会社がなくなってしまったら、どうやって食べていけばいいのか、僕は見当もつかないもんな。

　そう考えると、日本のサラリーマンは守られていると言っていいのかな。しかし、厚生年金保険料が給料の約1割弱というのは、かなり高く感じる。

🧑 でもさ、僕らが年寄りになる頃には、**もらえる年金は今よりずっと減ってる**、なんて言わない？　もらえるかもわからないものにこんなにお金払うのは、正直キツいなあ。

🐷 たしかに、将来的に受給開始年齢がさらに引き上げら

85

れたり、もらえる年金が減る可能性っちゅうのは否定できないけどな。ただ、年金保険料が**老後の年金のためだけにあると思うのは大間違い**やで。年金には、自分が思ってる"**老齢年金**"以外にも、"**障害年金**"と"**遺族年金**"という**2つの大事な年金がある**んや。

 "障害年金"と"遺族年金"？

そうや。まず"**障害年金**"というのは、自分が交通事故なんかに遭って治すのがむずかしい障害が残ってしまった場合などに受け取れる年金のことや。

それって、定年退職前の**若いうちに**そういうことになってしまっても受け取れるの？

当然！　そのための障害年金やからな。ただし、受け取るためには、年金保険料を一定期間納めていないといけないなど、いくつか条件があるから気をつけなアカン。

年金にそんな役割があるなんて知らなかった。そうすると、もう1つの"**遺族年金**"ていうのは……。

そう。もしも自分が亡くなった場合に、**遺族に払われる年金**や。ただ、遺族と言っても、自分が生計を支える

社会保険の制度を知ろう

子どもや奥さんが対象になる。両親には払われん。

🧒 なるほど、いろんなリスクに備えた制度があるんだなぁ。年金というと、なんとなく老後資金のイメージが強いから、全然知らなかった。
（……ん、待てよ？ もしも自分の身に何かあっても社会保険がなんとかしてくれるんなら、そんなに頑張ってお金を稼いだり、貯金をしなくてもいいんじゃないのか……？）

するとフゴーは、少し呆れた顔をしながら、首を左右に振った。コイツ、僕の頭の中まで読めるようだ。

🐷 まあ、たしかに日本の社会保険は手厚いんやけど、これからの時代、なんでもかんでも国にお任せというわけにはいかない。**自助努力**の時代になってきとるんや。

🧒 ジジョドリョク？ どういうこと？

🐷 ようするに、**国や会社に頼りきらずに自分でも備えとかなアカン**ちゅうことや。ほれ、2019年に金融庁が発表した報告書に『公的年金以外に、老後資金として2,000万円が必要』っちゅう記載があったやつ、一時期ニュースでもめちゃくちゃ話題になっとったやろ？

SNSでも話題になってたのを覚えているよ。やっぱり、自分でもお金を貯めていかないとダメなのか。2,000万円なんて、とうてい貯められる気がしないけどなぁ……。

 この社会保険制度ができた頃に比べて、医学の進歩によって**平均寿命がどんどん延びてしまってる**んやなぁ。おそらく寿命は今後も延び続けるから、今の制度ではどうやっても無理なんやな。**社会保険料は今後も上がっていく**と思うで。でも、政府は「正直、めんどうみきれません」って言うわけにはいかんから、**「自助努力」**って言葉を使って、**少しずつ国民にお金のことを意識させようとしてる**んやな。

 どんどん世知辛い世の中になっていくな……。

 しかも、**会社の平均寿命**は逆に短くなってるからな。自動運転が当たり前の世界になったらドライバーという仕事がなくなるように、**産業構造自体が変わってしまう**こともある。せやから、いつでも転職や自立ができるように、自分のスキルを磨いておかなアカン。**定年まで会社にぶら下がって生きていこう**、と思っとったら、**痛い目見るで。**

 「いい大学に入っていい会社に入れば、人生安泰だ」って言われていたから、受験勉強も頑張ったのに。

社会保険の制度を知ろう

なんか聞いてた話と違うぞ……?

まあ、そういう**時代の変わり目にいる**、っちゅうことやな。ちゅうことで、貧しい老後を迎えたくなかったら、税金や経済、社会についての知識を蓄えながら、賢くお金を貯めていかなアカン。
ほな、最後は**雇用保険**や。

雇用保険
会社を辞めて失業したときや、ケガをして働けなくなったとき、出産・育児休暇で会社を休まなければならないときに備える公的保険制度。保険料の2/3を企業、1/3を労働者が負担し、加入者が負担する保険料率は0.3%(全国共通)

健康保険は"健康であること"をサポートしてくれる制度やったけど、**雇用保険は"雇用されている状態"をサポートしてくれる保険**や。だから、雇用されない=働けないような状態になったときに保険金を払ってくれるのも雇用保険。わかりやすいのは、**失業時にもらえる"基本給付金"**や。一般的には**"失業保険"**って言ったりもするな。

そういえば、会社を辞めた友達が失業保険を受け取ってたね。ハローワークに通ってたよ。

89

あと**"育児休業給付金"**も、この雇用保険から支払われる。産休が明けてから子どもが満1歳になるまで、**会社でもらっていた給料の約2/3の給付金を国からもらえる制度**や。働くママにとっては、めちゃくちゃ大事な制度やな。

え？　育休中の給料って、会社が払うものじゃなかったの？　てっきり、会社から給料をもらって休みをとる、有休みたいなものだとばかり思ってたよ。

そう勘違いしてる人も多いんやけどな、会社の負担としては、休んでいる人の人員調整くらいなんや。むしろ、**社員に育休を取らせた会社には補助金を支給する**制度もある。

前に「育休はいいよな、働いてないのに**会社から給料がもらえて**」ってぼやいていた先輩がいたけど……。

完全なる勘違いや。あと、同じようにあまりみんなに理解されとらんのやけど、**育休は男性でも取れる**。

えっ!?　そうなの？

そうやで？　**育休期間中は社会保険料が免除される**から、ボーナスが出る月なんかに男性が育休を取ると、

社会保険の制度を知ろう 第 **4** 話

　数十万円分保険料の支払いを減らせたりするんや。こ
れは、会社員なら絶対知っておいた方がええ裏技や。

　数十万円分の保険料節約……。自分の給料の約15％が
社会保険料に持っていかれてるとすると、この効果はデカい
ぞ！　まあ、結婚はおろか彼女もいない僕にとってはだいぶ
先の話になりそうだけど、覚えておこう。

　とまあ、ここまで話してきた**ナントカ保険**っていうのを全
　部まとめて、**社会保険**って言うんや。

　いやぁ、僕の知らないうちに、こんなにもたくさんの保
　険が掛けられていたんだね。病気になったときは**健康
　保険**、働けなくなったときには**雇用保険**、なんだか、
　何かあっても大丈夫な気がしてきたよ。

　そうや。こうした国の保険制度は、いわば**社会のセーフ
　ティネット**や。綱渡りをしてたとして、下にネットがある
　かないかでは、気分的に大違いやろ？　せやから「万
　が一自分の身に何かあったとしても、こういう保険／制
　度があるから大丈夫」と理解しておくことは、この社会
　を生きていく上でめっちゃ重要なことなんや。

　そうか、僕は今まで、ネットのない綱の上で、綱渡りを

91

していたのか。

多くの人が、お金や社会のしくみについてほとんど勉強をせずに社会に踏み出す。こういったセーフティネットの存在もよく知らずに、この綱渡りに踏み出してしまうから、**将来に対して漠然とした不安を抱えてしまう**んや。まして、その綱の上をジャンプしてみたり、走ってみたりなんて、できっこないと思ってしまう。けど、下にあるセーフティネットのことをしっかり理解できてれば、**いろんな挑戦もしやすくなる**やろ？

言われてみればさっきまでに比べて、少し体が軽くなったような気がする。今までは、会社にしがみついて生きていくしかないのかと悲観していたけれど、自分の力でいろいろなことにトライしてみたいような気もしてきたぞ？
給与明細に源泉徴収票。この小さな紙切れを眺めるだけで、**こんなにもたくさんの知識と勇気**がもらえるなんて、思ってもみなかった。

給与明細と源泉徴収票は、**たくさんの制度が絡み合ってできあがる書類**ってことはこれでわかったやろ？　これだけの税金と社会保険料が会社を通して給料から吸い上げられている。でも、それには何かしらの意味があり、手厚いセーフティネットがあり、徴収する側の思惑も隠されている

社会保険の制度を知ろう

わけや。これを**知っているか知らないかの差は大きい**で。

これが学校や会社では教えてくれない社会のルール……。たしかに、知ってると知らないとでは大違いだ。そういうものが他にもあるのなら、もっと知りたい、学びたい。

カーテンから射し込む柔らかい昼の光の中、僕は強くそう思った。

POINT

- 日本の社会保険制度は、実はとても手厚い
- 医療費が高額になっても、「高額療養費制度」のおかげで個人負担は一定金額以内で収まる
- 民間の医療保険は、高額療養費制度を理解したうえで加入を検討すべき
- 40歳を超えたら、「介護保険料」の負担が増える
- 「年金」は老後のためだけにあらず。「障害年金」と「遺族年金」の機能もある
- 「雇用保険」は働けない状態をサポートしてくれる保険。失業時や産休・育休期間中の手当までカバーしている
- 育休のときにもらえるお金は、会社からの給料ではない
- 社会保険の基準日は「月末日」。月末日に育休を取ると社会保険料が1カ月分免除になる

社会保険料の支払い額は減らせるの？

COLUMN **4**

　病気やケガのときは健康保険、働けなくなったときは雇用保険、退職後は厚生年金と、さまざまな手厚い保障が用意されている社会保険ですが、実はその保険料は毎年上がり続けており、今後も上がり続けることが予想されます。

　いざというときに保障が受けられるのはありがたいものの、給料の約15％を占める**社会保険料の支払い額を減らす**ことは可能なのでしょうか？

　社会保険料の支払い額がどのようにして決まるのかというと、実は、**4月から6月に支払われる3カ月間の給与の平均額**によって決定されています。この平均額のことを"**標準報酬月額**"と呼びます。所得税や住民税の計算と違って、1年間の給与の総額によって決まるわけではない、というところがポイントです。

　この"標準報酬月額"の計算には、**残業代も含まれる**ため、意識的に残業を減らし、この3カ月間の給与額を抑えることで、毎月負担する社会保険料も少しだけ抑えることができます。逆に、この期間に普段より多く残業をしてしまうと、その分**社会保険料は割高になります**ので注意しましょう。

　ただし、昇級などで毎月の給与に大きな変動があった場合は、"**随時改定**"と言って保険料が再計算されます。

　また、社会保険料のうち、健康保険料と厚生年金保険料は、**産休・育休期間中**（正確には『育児休業等開始月から終了予

94

COLUMN 4

定日の翌日の月の前月』まで)**は免除**になります。

　実は、社会保険料は**月末日基準**で計算されるため、月末日だけ育休を取得している場合でも、その月全体の社会保険料が免除となります。したがって、フゴーも言っていたとおり、特に**ボーナス月の月末日に育休を持ってくる**と、多額の保険料が浮くことになります。

　育児休業は男性でも取得することができますので、社会保険料を減らすことも考えながら、効果的に使ってみてください。

社会保険料率（従業員負担分）の推移

注1）全国健康保険協会管掌健康保険（平成20年4月分までは政府管掌健康保険）、介護保険、厚生年金保険、雇用保険に係る各年4月1日時点の保険料率を用いたもので、全国健康保険協会管掌健康保険は平成21年4月以降は全国平均保険料率を用いたもの。また、従業員負担分の合計は、単に各料率を合計したもの。
注2）従業員負担分の合計を算出するに当たり、健康保険及び厚生年金保険の総報酬制導入前（平成14年4月分まで）の料率については、年間賞与の合計を月給3か月分と仮定して算出した料率を用いていることに留意が必要。

（出典：内閣府税制調査会会議資料）

第 **5** 話

会社の福利厚生制度を 把握しよう

#住宅手当　#資格手当　#保養所　#公共サービス

　　白熱講義を受けた午前中とは、打って変わって平穏な日曜日の午後。今日は特に予定なし。こんな休みの日は、家でだらだらするか、暇そうな友人を誘って飲みに行くかのいずれかだが、金欠の僕には選択の余地はなかった。

　　それでも気分は明るい。1日中家にいたって、スマホやパソコンでネットに接続すれば、**ゲームや動画で無限に時間をつぶすことができる**からだ。ネットがなかった時代には、こんなに手軽に、しかも無料で、コンテンツを楽しむこともできなかっただろう。いい時代になったものだ。

　　そして、いつもよりもウキウキした気分でいられるのにはもう1つ理由がある。土曜日の結婚式の帰りに一緒になった黒木さんから、さっそくメッセージが来ていたのだ。

> 昨日は、久しぶりに会えてうれしかったよ♡
> よかったら、また今度会いたいな♪♪♪

　　連絡先を交換したのは、ただの社交辞令かとも思っていたが、こうして向こうから連絡が来たのだ。少なくとも、悪くは思われていないということだろう。

会社の福利厚生制度を把握しよう　第5話

　さっそく「いつにしようか？」と打ち込んだところで、送信ボタンを押すのを思いとどまった。あまりがっついている印象を与えるのもよくない。せっかくつかんだチャンスだ。いや、でも、ここは思い切って……。

 こういうのは相手に決めさせるんやのうて、男らしく、自分から日時を提案した方がいいんとちゃう？

 うわぁぁ!!

　いつの間にか、ついさっきまで棚の上にいたはずのフゴーが肩に乗っており、スマホを覗きこんでいる。

 なんだよいきなり！　だいたい人のスマホを見るな！

フゴーを肩から引きはがして、デスクの上に置く。

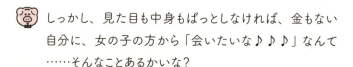 しっかし、見た目も中身もぱっとしなければ、金もない自分に、女の子の方から「会いたいな♪♪♪」なんて……そんなことあるかいな？

 見た目も中身もぱっとしないなんてヒドいな！　僕だって、小学校の頃はけっこう女の子からモテたんだぞ!?

97

小学校低学年までだけどな……、心の中でだけそうつぶやくと、はるか昔の栄光が走馬灯のように思い出された。

 ……ちょっとみんなより足速かっただけちゃうん？

 うっ……。

　このブタ、お金のことだけにとどまらず、なかなか胸のうちの深いところをえぐってくる。しかし、僕の交友関係までフゴーに口を出される筋合いはない。
　とりあえず、黒木さんに返信しておかないと……。

僕も楽しかったよ♪
今度の土日とか、よかったら飲みにでも行かない？

　送信ボタンをタップ。ん？　何も考えず、前田を誘うときと同じノリで、いきなり飲みに誘ってしまった……。黒木さん、そんなにお酒飲んでたっけ？　ま、まぁいいか……。

 ほいで、昨日と今日のワシの講義、どやった？

 うん、まだ細かいところまでは頭に入りきっていないけれど、とりあえずざっくりとは理解できたはずだよ。

第1章

会社の福利厚生制度を把握しよう 第5話

　昨日、今日の2日という短期間でいろんなことを教わって、正直頭がパンクしそうだった。でも、これまでまったく興味を持ってこなかった税金や社会のしくみについて、少しだけでも学べたことで、**ずいぶん大きな1歩を踏み出せた**ような気がする。

　まあ、細かいところはあとでいくらでもネットとか本で調べたらええんや。正確に覚えていなくてもかまへん。大事なのは、**まず全体感を知っておくこと**やからな。ほんなら午後は、ちょっと違う角度から話をしてみよか。**福利厚生**の話や。

　フクリコーセイ……？　会社の家賃補助とか、そういうやつのこと？

　そうや、自分がもらっている月2万円の**住宅手当**（家賃補助）も福利厚生の一部やな。福利厚生っちゅうのは、簡単に言えば、**会社が社員に対して施してくれるサービス**のことなんやけど、この福利厚生には大きく分けて2種類ある。**法定福利厚生**と、**法定外福利厚生**や。

　法定福利厚生と法定"外"福利厚生……なんだかややこしい名前だなぁ……。

99

主な福利厚生の種類
【法定福利厚生】
健康保険、介護保険、雇用保険、労災保険、厚生年金保険など
【法定外福利厚生】
住宅手当、交通費、特別休暇、育児手当、資格取得手当、保養所の利用、一般施設の利用優待など

"**法定福利厚生**"っちゅうのは、法律によって企業が導入するよう定められている福利厚生制度のことやな。なんのことはない、これは**さっき話した社会保険のこと**や。法律で決められているから、どこの会社でも入社すればだいたい同じように社会保険に加入できるし、社会保険料の半分は会社が負担してくれるわけやな。

そうだった。保険料を半分負担してくれてるから、たしかに社員向けのサービスみたいな一面はあるね。

一方、"**法定外福利厚生**"は、**それぞれの企業が独自に設けているサービス**のことや。企業によって、福利厚生が充実しているところとそうでないところがあるから、就職や転職活動のときも、法定外福利厚生は会社選びの1つのポイントになる。

会社の福利厚生制度を把握しよう

🧒 なるほどね。そして社会保険と同じように、**この中身を理解して、最大限活用するのが大事**ってことか！

フゴーが満足そうに、ウンウンとうなずく。

🐷 そうや。だいぶ飲み込みが早くなってきたな。会社の福利厚生は、会社に所属しているだけで誰でも使えるサービスなわけやから、活用しないとむっちゃ損なんや。昨日も言った元を取るっちゅう考え方やな。

🧒 たしかに、せっかく社員としてサービスを受ける権利を持っているんだもんね。

🐷 税金も一緒やで？ 払う金額は同じでも、**サービスを使うか使わないかで、ものすごく差が出てくる**。たとえば、地域の図書館は住民税によって運営されているわけやけれども、大人になってから行ったことあるか？

🧒 うーん、子どもの頃は親に連れられてよく地元の図書館に行っていた気がするけど、今はどこに図書館があるかも知らないな……。

🐷 給料を増やそうと思ってもなかなかむずかしいし、節税や節約をするにしたって限度がある。けどな、自分が

受けられるサービスや権利をしっかり使いこなすことができれば、それは結果的に自分の**サイフからお金が出ていくのを食い止める**ことにもつながる。だから、自分が使える福利厚生サービスを把握しておくことは大事なんや。

 なるほどね。で、会社の法定外福利厚生ってどこを見たら調べられるの？　なんとなく、入社のときに聞いたような気はするんだけど、ちゃんと見た記憶がないや。

 会社のホームページに載っているところもあるし、親切な会社だと、パンフレットみたいなかたちでわかりやすくまとめてくれているところもあるな。わからなければ、**遠慮せず人事や総務なんかに聞いてみたらいい**と思うで。

　何となくパンフレットを見た記憶のあった僕は、新入社員時代にもらった資料をあさってみると、なかなか分厚い"**福利厚生ハンドブック**"を見つけることができた。

 どれどれ……、へぇ、休暇にもただの有給休暇だけじゃなくて、勤続10年でもらえるリフレッシュ休暇や傷病休暇、ボランティア休暇なんていうのもあるんだな……。うわ、うちの会社、ハワイに保養所なんか持ってたの!?　こんなの誰も教えてくれなかった……。えっ、資格手当が最大5

万円？　資格取得のための奨励金なんかもあるのか……。

　そういえば、大学生の春休みに、就活に有利になるだろうと思って、いくつか資格を取ったのを思い出した。業務に直接使うような資格ではないから、すっかり忘れていたけど、申請すれば**資格手当**がもらえるらしい！

この中だと、日商簿記3級は間違いなく取ったはずだな。毎月2,000円か……何もしないでお金がもらえるならいいなぁ。たしか……あの中に……。

　フゴーが入っていたダンボール箱をあさってみると、やっぱり思ったとおり。簿記3級の合格証書が出てきた。

これで申請すれば毎月2,000円か……、1年間にしたら2万4,000円！　こりゃ意外とバカにならないぞ？　他にも何かトクするような制度がないか確認しないと……。

　その日までまったく知らなかったが、ウチの会社は**思っていたより福利厚生制度が充実していた**ようで、福利厚生ハンドブックを隅々まで読み込むのにけっこう時間がかかってしまった。
　驚いたのは、**ライフイベントに応じたいろんな福利厚生制度**を会社が用意してくれていることだった。家を買うときに

は、社員専用の住宅ローンプランがあるらしいし、車や学費でお金が必要なときは互助会というヤツに申し込めば、かなり低い金利でローンを組めるようだ。社内預金、持株会、財形貯蓄制度……**お金を貯めたいときにも使えそうな制度**も並んでいる。

どや？　スマホでどれだけ検索しても出てこない情報が満載やろ？　会社の福利厚生ってのはその会社独自の、従業員に対するサービスやからな。人事や総務の人間が、社員に辞めずに少しでも長く勤めてもらうにはどうしたらいいか、**頭を悩ませてつくった制度やったりする**んや。ありがたく使わせてもらわな、もったいないで。

生命保険や引っ越しなんかも、会社を通して申し込めば、普通に加入するよりずっと安くなることもあるみたいだ。

商売の言葉では"ボリュームディスカウント"言うんやけどな。会社を窓口にするとより多くの申し込みがもらえるっちゅうことで、**普通の条件よりも割引き**されてたりすることもあるんや。頭の片隅に置いておくとええな。

何か大きな出費を伴うイベントがあったら、まずは会社の福利厚生制度を確認した方がよさそうだね。

会社の福利厚生制度を把握しよう 第5話

　結局、その日はすっかり日が暮れるまで"福利厚生ハンドブック"を読み込んだ。すぐにお金になりそうなのは、持っていた簿記3級の資格手当だけだったが、中には少し勉強すれば取得できそうな資格や面白そうな資格もあった。これを機に新しく勉強を始めてみるのもいいかもしれない。
　さっそくいくつかの資格のテキストを通販サイトで注文しようとも思ったが、少し考えて手を止めた。そういえば、いつも乗り換えで利用している駅に、ちっちゃな公営図書館があったのを思い出したのだ。自分でテキストを買う前に、まずはそこを覗いてみてからでも遅くないだろう。
　フゴーと出会ってまだ数日だが、**お金を使う前に一瞬「待てよ」と考える時間を持てる**ようになってきた気がする。

 少しずつわかってきたようやな。そうや。別に、お金を使ったらアカンってわけではないんやけどな。その支出が本当に必要なものなのか？　他の手段で代替できないか？　その支出は**"消費"か、"浪費"か、"投資"か？**　そういうことを考えるクセがついてきたら、もうだいたい成功したようなもんやな。

　そう言うとフゴーは、丸い目を細めて微笑んだ。ようやく教える手ごたえが出てきたということなのだろう。
　しかし、このとき僕はまだ気づいていなかった。
　僕たちが生きているこの世界には、簿記3級の資格手当

105

のように**"気づけば拾えるお金"**が落ちている一方で、たくさんの**"お金の落とし穴"**も、ぽっかりと口を開けて待ち受けているということに……。

POINT

- 福利厚生は、会社が用意してくれている社員のための「サービス」
- 法定外福利厚生は会社ごとにさまざま。大企業ならかなり充実していることもある
- 法定外福利厚生は会社独自の制度なのでネット等には情報は出ない。お得なことも多いので、きちんと情報を取り寄せてマスターしよう
- 住宅購入などライフイベントにかかわる福利厚生制度は特に要チェック

第 **2** 章

サイフを狙う
黒い影

知らなきゃハマるお金の落とし穴

第 6 話

インターネット上の
詐欺にご用心!

個人情報漏洩　# 懸賞詐欺　# クレジットカード不正利用

　月曜日。驚くほどあっという間に週末が終わり、また長い1週間が始まる。

　会社行きたくないなぁ……、働きたくないなぁ……。

　毎週のようにそうぼやいてしまうものの、自分に会社をサボったり、辞めたりする勇気がないこともわかっている。

　以前母親に、「会社辞めたいなぁ」と愚痴をこぼしたときは、「ソウタがこんないい会社に入れたなんて、超ラッキーだったじゃない。転職するなんてもったいないわよ!　どうせ他にやりたいことがあるわけでもないんでしょ?」と一気にまくしたてられた。情けない話だが、まったくそのとおりだと思う。僕が転職活動をしたところで、今よりいい会社に入れる可能性は低いだろう。SNSを眺めてみても、世の中には僕なんかにはとうてい太刀打ちできないハイスペックな同世代がわんさかいるのだ。

　そうは言っても、行きたくないものは行きたくない。それもまた現実である。

　土曜日のようにフゴーがカバンに入ってついてきたらどうしようかと思ったが、家を出るときに「行ってきます」と言うと、「いってらっさーい」と気の抜けた返事が返ってきた。今日

第2章
第6話 インターネット上の詐欺にご用心！

は家でおとなしくしていてくれるようだ。この間は「ワシはアンタの相棒やからな！」なんて言っていたのに、なかなか気分屋なヤツだな。

・・・・・・・・・・・・・・・・・・・・・・・・・・

　駅に着いて電車に乗ると、さっそくスマホを取り出す。この通勤時間を読書に充てられたりすれば自己投資になるのだろうけど、朝8時の中央線は、文庫本を開くのもむずかしいほどに混んでいる。ニュースを見たり、SNSを眺めるくらいしか、時間の過ごしようがないのだ。

　こうしてスマホをぼけっと見るのは<u>**時間の"浪費"**</u>だよな……。そのうち何か実になるものを考えないとな……。

　そうは思いながらも、日課である「ツブヤキグラム」を開くと、DM（ダイレクトメッセージ）のところに「①」と数字が表示されている。普段はDMなんてほとんど使うことがないので、何だろう？と不思議に思って開いてみると、知らないアカウントからのメッセージが届いていた。

おめでとうございます！
厳正なる抽選の結果、@sota_happy様はご応募いただいた100万円プレゼント企画に当選いたしました！
当選金振り込みの準備をさせていただきますので、本日中に下記URLより振込に必要な情報をご登録ください。
http://www.100manen.haifushimasu/

109

えっ、これって……!?
　思い出した。先週の金曜日に会社の休憩スペースで応募した、後山社長の現金プレゼント企画だ。

　あの100万円が当たった!?!?!?

　思わずそう声が漏れると、電車内の何人かのサラリーマンがこちらを振り返る。心臓の鼓動が速くなるのを感じる。
　100万円もあれば、しばらく働かなくたって暮らせるはずだ。こんな窮屈な通勤電車、今すぐ飛び降りて、南の島にでも高飛びしてしまおうか……。
　いや待て、落ち着け。ここでミスったらすべてが水の泡だ。なんとか心を落ち着けて、メッセージに書かれてあるURLをクリックし、リンク先に飛ぶ。

この度は当選おめでとうございます！　振込に必要な情報を、下記フォームにご入力ください。
本日12:00までに入力いただけなかった場合には、当選権放棄とみなし、他の方を繰り上げ当選させていただきます。お早めにお申し込みください。なお、本人確認のためクレジットカードが必要となります。

　本日12時まで?　あと3時間しかないじゃんか！　仕事が始まる前に急いで応募しとかないと……。オフィスに顔を出

インターネット上の詐欺にご用心!

したら、いつ課長に捕まるかわからないからな……。

人の波に乗りながら駅で降りると、足早に改札を出て、会社へ向かう。自分の席で「ツブヤキグラム」などを開いていたら、それこそ課長がうるさい。

「そうだ、シエスタが原」……僕は、エレベーターでいつも降りるフロアを通り越して、最上階の休憩スペースへ直行した。この時間なら、人はほとんどいないはずだ。

落ち着いたところで再度スマホに目を落とす。

```
氏名　　　_____
住所　　　_____
電話番号　　_____
金融機関　　_____
支店名　　　_____
種類　　　□普通　□当座
口座番号　　_____
口座名義人　_____
クレジットカード番号　_____-_____-_____
有効期限　_____
セキュリティコード　_____
□個人情報取り扱い規約に同意します
　　　　　　　　　送信
```

銀行口座はキャッシュカードで確認するとして……、ク

レジットカードは、財布に入れてたっけな？

　カバンから財布を取り出し、普段ほとんど使うことのないカード収納スペースを探ると、通販サイトで利用するためだけにつくったクレジットカードがあった。

 よかった〜。これがなかったら、応募できないところだったよ。せっかく手に入れた100万円だってのに、みすみすドブに捨てるわけにはいかない。危ない危ない……。

　無事に必要事項を入力し、最後のチェックボックスにチェックを入れる。規約なんて読んでる暇はない。まあ、大丈夫だろう。
　「これでよしっ！」と、「送信」ボタンをタップする。
　次の瞬間。耳をつんざくような怒号が聞こえた。

 このバカも〜〜〜〜〜〜ん！！！！

　驚いて、思わず手から落としたスマホを拾うと、画面いっぱいに見慣れたピンク色の顔が広がっていた。

 えっ……、フゴー……!?

　スマホ画面に平べったく映し出されたフゴーの顔は、昔の

インターネット上の詐欺にご用心！ 第6話

テレビゲームのキャラクターのように妙に角ばっている。しかし、画面越しでも、その怒りは痛いほど伝わってくる。

🧒 何これ、どうなってんの？ あ、ビデオ通話……？

🐷 そんなんとちゃう！ 神通力による念写や！ ソウタのスマートフォンに念を飛ばして、直接話しかけてるんや。秘技"フゴーモバイル"やで。……って、そんなことはどうでもええねん！ 自分が今、何してるかわかっとんのか？ 懸賞詐欺に引っかかって**個人情報を騙し取られ**ようとしてるんやで！

🧒 サギ!? ……っで、でも、後山社長の100万円プレゼントキャンペーンはテレビニュースでも特集されていたし、そんな社会的地位のある人が堂々と詐欺なんてするわけないじゃないか！ 去年も実際に当たったって言ってた人いたし……！

🐷 ……アホ！ 自分にメッセージ送ってきたアカウント、**もういっぺんよく見てみい!**

フゴーがそう言うと、スマホの画面がパッと切り替わる。
　DMを送ってきたアカウントは、名前もアイコンのイラストも後山社長のものだったが、本物の著名人ならあるはずの

113

ツブヤキグラム公式マークがついていない。

 えっ……ニセモノってこと……？

　検索欄で後山社長を検索してみると、きちんと公式マークのついた別のアカウントが出てきた。**よく見てみると、フォロワーの数も全然違う。**
　じゃあ、100万円当選はウソだっていうのか……。
　アドレナリンが出まくっていただけに、僕はソファでがっくりとうなだれた。

 ……あのなぁ、こういうなりすましのメッセージも注意せなあかんけどな。

　画面の向こうのカクカクしたフゴーが、呆れながら話す。

 SNS上でようわからんアカウントがやってるプレゼント企画っちゅーのはな、99.9％詐欺やで。いまだに懲りもせず、引っかかるヤツが多いけどなぁ。こういうのに使われる大量の札束を撮影した動画、裏の世界で１本10万円で取引されたりしとるらしいで。なんでかわかるか？

 動画１本で10万円!?

自分みたいなカモを引っかける投稿をつくるために、詐欺師が動画を買うんや。札束の動画があると、説得力増すやろ。……ん? 増すか? うーん、まあワシにはわからんけど、そういうのに引っかかる人間からすれば信憑性が増すらしい。ほいで、動画を10万円で買っても、自分みたいなんがホイホイ引っかかって軽く元取れるらしいで。

画面の中のフゴーは、いっそう呆れた表情をつくって僕を挑発してくる。しかし、自分が詐欺に引っかかったというショックの方が大きくて、反論する元気は出なかった。

 あと、自分が反省せなアカンのはな、**何の疑いも持たずに自分の個人情報を送信してしまった**ことや。もしも本当に企画に当選して現金の送金をしてくれるにしても、銀行口座の情報があればそれで十分なはずやろ? **クレジットカードの情報なんか、絶対にいらん**やん。それを自分は、ご丁寧に何から何まで書いてしもうて……。そら、不正利用されるに決まっとるやろ!

 あっ、そうか! ヤバイ……!

クレジットカードの情報が盗まれ、不正に利用されて、ある日突然何十万円という請求が来るというのは、何かのニュースで見たことがある。クレジットカードの番号と、**こと**

115

もあろうにセキュリティコードまで入力してしまったのだから、誰かが僕のカードを使ってネットショッピングをしようと思えば、やりたい放題じゃないか……。

まぁ……安心しい。今回は水際のところで、フゴーモバイル・ファイアーウォールが送信を止めておいたさかい。

え？　ほんとに!?　よかったぁ……。ありがとう、フゴー。

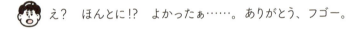
詐欺師たちはな、**マーケティングリストを共有してる**と言われてる。ようするに、**"カモ"の名簿**やな。一度こういうんに引っかかると、そのカモ名簿に名前が載ってしまい、詐欺の電話やらメールやらが届くようになってしまうんや。せやから、フゴーモバイルがなくても、今後は自分の身は自分で守るよう気をつけるんやで。ほいじゃな！

　プツン、という音とともにスマホの画面は真っ暗になり、フゴーは消えた。どうやら念写は終わったようだ。
　異様にだるい腰を上げ、力の入らない身体を引きずって、デスクのあるフロアに戻る。
　100万円が当たったとぬか喜びして、それが詐欺だったと判明してショックを受けて……、月曜日の朝からどっと疲れた。結局個人情報が流出しなかったのはよかったけれど、もう少しだけ、夢を見ていたかった気もする……。

インターネット上の詐欺にご用心！

デスクに着いてもいまひとつ手に力が入らず、もう一度恨めしく「ツブヤキグラム」の画面を見る。そういえば、フゴーは念写を切る前に「フゴーモバイルがなくても」と言っていた。あれはどういうことだろう？　何かあったらまた守ってくれればいいのに。冷たいヤツだなぁ。

そのとき、ピコンと音がして、スマホのメッセンジャーアプリの通知が鳴った。黒木さんだ。

ほんとに!?　私、お酒はあんまり飲めないんだけど、それでもよかったら。土曜日のお昼とかどうかな？

どうやらこの間の連絡も、ただの社交辞令じゃなかったようだ。驚きとうれしさで、思わずニヤけて前を向くと、タイミング悪く課長と目が合った。わざとらしい咳払いをして、こちらに鋭い視線を飛ばしてくる。

僕は思わず視線をそらし、さも何ごともなかったかのように装って、スマホを胸ポケットにしまった。

ＰＯＩＮＴ

- SNS上のプレゼント企画はほとんど詐欺と思ってよい
- 「カモリスト」に載ってしまうので、怪しいメールや投稿にはリアクションせずスルーが基本
- クレジットカード情報など、決済関連の個人情報を入力するときは要注意

インターネットを使った詐欺の手口

COLUMN **5**

　スマホやインターネットが当たり前のものとなった現代において、ネットを使った詐欺の被害も増えています。ストーリーに出てきた「SNS上のプレゼント企画詐欺（懸賞詐欺）」などもその1つでしょう。

　中には本物のプレゼント企画もあると思うのですが、詐欺の企画に引っかかってしまうと、ソウタのように**個人情報を取られて悪用されてしまう**ケースや、「当選金を受け取るには、10万円の口座開設手数料がかかります」などと言われ、**お金を騙し取られてしまう**ケースもあるそうです。

　普通に考えたら、「そんなの引っかかるわけないでしょ！」と思われるかもしれませんが、いざ、自分が欲しているものが目の前に巧妙にぶら下げられると、**多少の違和感も都合よく解釈してしまい、判断力が鈍ってしまう**こともあるのです。

　こうした被害に遭わないためには、まず、よく知らない人**からの儲け話はすべてを疑ってかかる**ことが大切です。ウマい話には必ず裏がありますし、本当に儲かる方法なら、独り占めしておいた方がいちばん儲かります。他人、ましてや会ったことも話したこともないあなたに、そんな方法を教えるわけがないでしょう？　逆の立場になって考えてみたらわかりますね。

　また、"詐欺"とまでは言えなくても、たいしたことのない情報を、さも重要そうに見せかけて高額で販売する、**情報**

COLUMN 5

商材販売の手法も要注意です。

　こうした情報商材で扱われる情報は、嘘とまでは言えないにせよ、現在では通用しない古いお金儲けの手法であったり、少し調べればいくらでも出てくるようなスカスカの情報だったりします。

　そして、もし購入して思ったような効果を得られなかったときは、相手は「あなたのやり方が悪い」などとあなたを断じ、さらに高額のセミナーや情報商材を買わせたりしてきます。SNS上で高い評価を得ているものであっても、彼らがそもそもグルであるという可能性もあるのです。

　ストーリーでも出てきたとおり、詐欺グループの"カモ名簿"に載ってしまうことを考えると、怪しい投稿に「いいね」を押して反応してしまうこと自体もキケンです。「応募するだけなら無料だし……」などと思わずに、**極力かかわらない**ようにしましょう。

　また、今回ソウタは詐欺師が用意した応募フォームに個人情報を入力してしまったわけですが、宅配便業者や銀行、メーカーなどの**ウェブサイトを装って、個人情報を抜き取ろう**としてくるケースもあり、これらを**「フィッシング（phishing）詐欺」**と言います。英語の綴りは少し変化していますが、由来は「fishing（釣り）」です。ソウタは、まんまと詐欺師の釣り針に食いついてしまったというわけです。

　また、誰しもが被害に遭う可能性の高いネット詐欺として、**"ネット通販詐欺"**があります。これは、通販やネットオーク

119

ションなどにおいて、「お金を振り込んだのに商品が送られてこない」「イメージと明らかに違う商品が届く」といった被害のことで、問い合わせをしても返信が来なかったり、「返品できない」の一点張りで、利用者が泣き寝入りしてしまうケースが増えているそうです。

ネットショップでは、「**特定商取引法に基づく表記**」と言って、販売者やその所在地、電話番号などを記載することが**法律によって義務づけられています**ので、こうした被害を防ぐには、ウェブサイトに会社の情報がきちんと記載されているかどうかを確認してみてください。

インターネットを使った詐欺の手口は、日に日に巧妙になっています。あなたのお金をつけ狙う詐欺師のワナにかからないよう、お金の知識と同様に、ネットリテラシーも意識的に高めましょう。

こうした勉強をするのにオススメしたいのは、金融広報中央委員会が運営するサイト「**知るぽると**」です。その中に、「**わたしはダマサレナイ!!**」というコーナーがあり、最新の金融トラブルの事例がマンガでわかりやすく紹介されています。すごくためになりますので、ぜひ見てみてください。
参考URL:「知るぽると」https://www.shiruporuto.jp/

第 7 話

便利なクレジットカードの意外な落とし穴

#リボ払い　#クレジットカード不正利用

 ただいまー。

　この日、空気の抜けた人形のように無気力のまま1日の仕事をこなして家に帰ると、玄関のドアを開けたところでフゴーが待ち構えていた。

 おっ、かえ、りー！

 わっ……びっくりした……。今日は疲れてるんだよ。わかってるくせに……。

　足下にいるフゴーを大またでまたいで廊下を進むと、後ろからトコトコとついてくる。

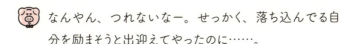 なんやん、つれないなー。せっかく、落ち込んでる自分を励まそうと出迎えてやったのに……。

 別にそんなことされたってうれしくないよ、はあ……。

カバンを床に置き、スーツのジャケットを脱いでハンガーラックにかけると、ようやく朝のショックなできごとから少し解放されたような気がした。

 ま、これで少しは懲りたやろ。プレゼント企画に限らずなぁ、向こうからやってくる美味しい話っちゅうのは、何かしら裏があったりするもんや。**世の中、ラクして金が手に入ることなんかない**っちゅうことやな。

　フゴーの言っていることは当たり前のことだ。世の中、そんなに楽に金が手に入ったら苦労はしない。けれど、**舞い上がっているときに人の判断力は鈍る**のだということを、今日は身をもって体感した。
　あとは期限だ。「本日12:00までに」というあの文字を見て、**あせりから冷静な判断ができなくなってしまった**……。

 うん……わかった。今後は気をつけるよ。

 ほんなら、今日は危なく情報を盗み取られるところだった、クレジットカードつながりの講義をしよか。

　フゴーはまたデスクの上までぴょんぴょんと登り、僕が椅子に座ると、嬉々としてしゃべりだした。

第2章
第7話

便利なクレジットカードの意外な落とし穴

🐷 今日、自分は、フィッシング詐欺ちゅう落とし穴にハマりそうになったわけだけども、ワシが思うに**クレジットカードにはもっと大きい落とし穴**があると思ってんねん。

😮 もっと大きな落とし穴?

🐷 そもそも自分、**"クレジット"ってどういう意味**か知ってる?

😟 「クレジット」……。クレジットカードは当たり前のように使っていたけれど、言われてみれば、なんだっけ……?

🐷 クレジットカードの"クレジット"っちゅうのは、英語で**「信用」**って意味なんや。カード会社は自分のことを審査して「信用」できる人間と認めた証としてそのカードを発行し、自分はその「信用」と引き換えにカードを使って、**後払い**で買い物ができるしくみになっとるわけや。「後でお金を返してくれる」っていう、信用があるからな。

😮 今まであまり意識してなかったけど、クレジットカードってたしかに後払いだね。

🐷 そうや。だから、買い物をした日から口座から実際にお金が引き落とされるまでの間、クレジットカード会社は、自分に**お金を貸してるようなもん**やねん。まあ、一

123

括払いで普通に使っている分には、無利子やけどな。

つまり、クレジットカードを使うのは、**無利子で借金をしている**ようなものってこと？

そういうことや。せやからクレジットカード会社は滞納に厳しいねん。遅延損害金とかもけっこう取るしな。

なるほど……、普通に使っている分には問題ないけれど、使いすぎたり支払いが遅れたりすると、**カード会社も借金取り化する**ってことか。注意しなくちゃな……。

そう。そして、クレジットカードが借金としての本領をいちばん発揮するのは"リボ払い"や。

"リボ払い"……最近よく聞くなぁ、テレビのCMでも見たことがある気がする。

リボ払いは、正式には"リボルビング払い"と言ってな……。ほれ、ちょうどここに、カード会社からのリボ払いの案内のダイレクトメールが来てるから、見てみよか。

よく、このタイミングでそんな都合のいいもの見つけたな……。さては、このダイレクトメールを見て今日の講義を決

めたんだろうか。

"リボルビング"ちゅうのは、英語で「定期的に起こる」みたいな意味なんやけどな。これは、利用した金額にかかわらず、**支払い額を毎月一定**にするというクレジットカードの支払い方法や。たとえば、毎月1万円と支払い額を設定したら、**10万円使おうが20万円使おうが、毎月の支払いは1万円ポッキリで済む**のが"リボ払い"なんや。

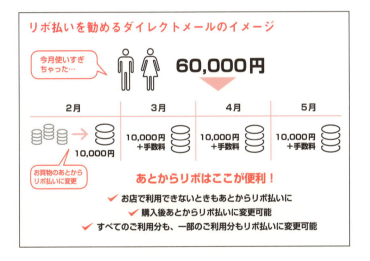

へぇ……それだけ聞くと、なんか便利そうだけどね。僕みたいにお金の管理がルーズな人にとっては、毎月1

万円みたいにカードの支払いを固定してもらえたら、お金のやりくりもしやすそうでありがたいけどなあ。

するとフゴーは首を振りながらチッチッと口を鳴らす。

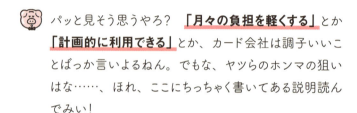

パッと見そう思うやろ？　**「月々の負担を軽くする」**とか**「計画的に利用できる」**とか、カード会社は調子いいことばっか言いよるねん。でもな、ヤツらのホンマの狙いはな……、ほれ、ここにちっちゃく書いてある説明読んでみい！

え……っと、「ご利用には**所定のリボ手数料**がかかります」って書いてあるね。……ていうか文字ちっちゃ！

ダイレクトメールに記載されている文言は、読ませる気がないんじゃないかと思うくらい字が小さい。遠視や老眼の人なら、間違いなく読めないぞ？

でもまぁ、便利なサービスだから、多少の手数料がかかるのは仕方ないんじゃないの……？　でも、この手数料ってのはいったいいくらぐらいだろう？

そう、大事なことが隠されてる典型例やな。ほな、ちょっと探してみよか。こういうのも訓練や。

便利なクレジットカードの意外な落とし穴　第7話

パッと見た限り手数料の記載は見当たらない。**「毎月定額で安心」**とは、デカデカとした文字で書いてあるけれど……。

 あ！　この支払いシミュレーションの図の下になんか書いてある！　えーっと……。

※手数料は前月末時点のご利用残高に対して、実質年率15.0％を乗じた額となります。

 え？　残高に実質年率15％？　手数料って、月にいくらとか1回いくらとかじゃなくて？

そう。リボ手数料は1回あたりいくらとかそういう生やさしいものじゃなくてな。**利用残高全体に、利率を掛けて計算**されるんや！　しかもこのカードの場合やと年率15％もする。つまり**クレジットカードのリボ払いは超高金利の借金をしていることと同じ**っちゅーことなんや!!

リボ払いが年率15％の借金？　そんな……、お店で「リボ払いで」って店員に言うだけで、僕らは借金を背負ってしまうということ？　こんなにも、簡単に……？

そうや。"リボ払い"は、クレジットカードという便利な道具に隠された、**借金地獄への入り口**なんや！

127

めちゃくちゃ怖いな……。そういえばちょっと前にも、「リボ払いに切り替えたら、10,000ポイントプレゼントキャンペーン」なんてハガキがカード会社から来てたから、そのうち使ってみようと思ってたところなんだよ……危ないところだったなあ……。

そう。そういうポイントなんかに釣られるヤツが、いちばんのカモなんよなぁ……気いつけんとアカンで。そもそも何かウマそうな話があったらな、**なぜ、相手がそれほど大盤振る舞いしてくれるのか?** よーく考えるんや。他人や会社が1万円くれるのは、結局そいつに**それ以上のメリットがあるから**っていうことやねん。"相手がどんな利益を狙っているのか?"を常に考えるクセをつけるんや。

「相手がどんな利益を狙っているのか?」を常に考える……。ようするに**「ウマい話には裏がある」**ってことか……。

あ、そうそう、あと最近は"**リボ払い＝高利貸し**"っていうのがだいぶ世間に浸透してイメージ悪くなってきたからか、カード会社によっては、"ミニマムペイメント方式"とか"フレックス払い"とか、**あえて呼び方を変えてることもある**。見慣れない言葉が出てきたら、まず書いてある説明をよーく読んで、気をつけるんや。カード会

社は、ありとあらゆる手段でこちらにリボ払いを使わせようとしてくるけど、敵の仕掛けた罠には引っかかってはいかんで！

　昔見たリボ払いのCMのイノシシのキャラクター。かわいい顔してこんな悪魔みたいなことを企んでいたのか……。

 そうや。**サイフを狙っているのは、詐欺師みたいな犯罪者だけじゃない**。クレジットカード会社や消費者金融、銀行までもが、少しでも客から合法的にお金を取れないかと日夜知恵を働かせ、さもクリーンな商品であるかのようにブランディングしてるケースもあるんや。

　たしかに、僕らが子どもの頃から慣れ親しんでいる消費者金融のテレビCMは、怖いくらいにクリーンなイメージだった。流行の芸能人や、つぶらな目をした子犬を使って、まるで「困っている人の味方」であるかのように借金の身近さや手軽さ、便利さを謳われると、そこまで悪いモノのようには思いにくい。しかし、それらは僕らを**借金地獄に漬け込むための巧妙な罠**なのだ……。

 あ、あとクレジットカードの裏の署名欄にはすぐにサインするんやで。カード盗まれて不正利用されても裏に所有者のサインがないと、**保障がきかないことがある**か

らな。**サインは10秒でできる防犯対策**なんやで。

　ゲッ!
　もしやと思ってカバンからサイフを取り出すと、中に入っているカードの裏はどれも真っ白だった。僕はあわてて油性ペンを探し、カード署名した。

POINT

- クレジットカードの基本的なしくみは「無利子の借金」、クレジットカードは「後払いでもいいよ」という「信用」の証
- リボ払いは年率15%以上の超高金利な借金
- 目先のキャンペーンにつられて、リボ払いに切り替えるのは絶対にオススメできない
- 「ミニマムペイメント方式」「フレックス払い」など、「リボ払い」以外の呼称を使ってカモフラージュされている場合もある

カードローンやリボ払い
毎月返済額のワナ

COLUMN **6**

　ソウタはフゴーから、クレジットカードの本質が借金であり、**中でもリボ払いは強烈に金利の高い借金**であることを教わりました。

　ストーリーの中では主にリボ払いについて触れていますが、銀行や消費者金融が取り扱っている**カードローン**や**キャッシング**などにおいても、このリボルビング払いは採用されていますので十分に気をつけてください。

　リボ払いやカードローンにおいては、毎月定額で1万円ずつ返済をしていくような定額払い方式の他に、利用している残高によって**毎月の返済額が変動する**方式も多く見られます。

　たとえば僕の家に届いた某銀行のダイレクトメールは、133ページにあるようなものでした。

　さて、ここで皆さんに考えていただきたいのは、このDM上にあるとおり50万円を借り入れて、「ご返済例」のとおりに返済を進めていった場合、**どれくらいの期間で完済できるのか**、ということです。金利は、リボ払いでは一般的な15%としましょう。

　元金50万円を8,000円で割っても、60カ月以上ですから、まぁ、5年以上はかかりそうです。さぁ、いかがでしょうか?

　はい。少しもったいぶりましたが、正解の返済期間は、

131

実になんと**22年以上にわたる長期間**になります。

　ちなみにこのとき、銀行に払うお金の総額は127万円。借りた元金の**2.5倍以上の金額**を払わなければいけないことになります。

　ここまで返済が長期化してしまう要因は、15%という高金利から生まれる「利子」にあります。50万円を年率15%で借りた場合、1カ月分の利子はおよそ6,250円です。ということは、当初の月々の返済額8,000円の中で元金の返済に充てられるのはたったの1,750円ということになります。

　こんな調子では元金はなかなか減らない上に、DMに書いてあるとおり、残高が減ってくると、毎月の返済額も小さくなります。これは一見いいことのようにも見えますが、借りている側からすればその分**返済スピードが遅くなる**わけです。

　今回のケースでも、最初から最後まで毎月8,000円ずつ返済を進めれば10年ほどで完済できるのですが、残高減少とともに毎月の返済額が小さくなっていくことで、返済期間は10年以上、金額にして30万円以上も多く支払うことになります。

　DMではさもユーザーのメリットのようにアピールされている返済額の減少も、実は金融機関が儲かるためのテクニックだったというわけです。

　また、こういうDM上では、今回の解説で触れたような金利や利子の話、トータルで返済にかかる期間などの話はまったく触れられないか、もしくはとても小さい字で書かれてい

COLUMN 6

るかのどちらかです。まさに羊の皮をかぶったオオカミ。くれぐれもお気をつけください。

〈筆者が受け取ったダイレクトメールの記載例〉

ご返済例
50万円借り入れた場合

▼

月々の
ご返済額

8,000円

残高に応じて、毎月の返済額は小さくなります

貸越残高（前月末時点）	毎月の返済額
40万円超 60万円以下	8,000円
20万円超 40万円以下	6,000円
10万円超 20万円以下	4,000円
2,000円超 10万円以下	2,000円

第 **8** 話

連帯保証人の
ヤバすぎる末路

借金　# 連帯保証人　# 福利厚生制度

　翌日の火曜日。帰る準備をしていたところ、つい金曜日も飲んだばかりの前田からメッセージが入っていた。

今日ちょっと相談したいことがあってさ……
仕事終わったら、飲みに行かないか？

　前田とは、これまで数え切れないほど2人で飲んでいるが、決まってお互い愚痴を言い合うだけだ。改まって「相談したい」なんて言われたことは、一度もない。

　まさか、アイツまで**「結婚する」**とか言い出すんじゃないだろうな……。

　なんとなく、胸がざわざわするような違和感を感じながら「いいよ」と返信すると、「じゃあブタフ20時で」と、いつもどおりの返信が返ってきた。

　この日は珍しく、僕の方が先に店に着いた。前田が来る前に1杯飲んでおこうかとも思ったが、「無駄な出費は少しでも減らそう」と思いとどまる。「どうせそのうち来るだろう」と、お通しの枝豆に手をつけた矢先、ガラガラと入り口のド

134

アが開いて前田がやってきた。
「悪いな、急に呼び出しちまって」
　そう言う前田は、いつもの陽気な様子とは違い、少しバツの悪そうな顔をしている。**こりゃ、やっぱり何か隠してるな……。**
「まあ、とりあえず1杯飲んでからだな」と言って、タッチパネルでメガ・ハイボール（濃い目）を頼む前田の手つきは、どこかぎこちない。
「どうした？　なんだよ、相談って？」
　僕は努めて平静を装い、自然体で尋ねた。
『それはめでたいなぁ‼　おめでとう！』
『コノヤロー！　おまえまで僕を置いていくのか！』
　電車の中で、いろんなパターンのリアクションを考えてはみたが、なんだかどれも嘘くさい。結局、その場で思い浮かんだ言葉を素直に言おうと心に決めていた。
　前田は少し黙った後、グビッとハイボールをノドに押し込み、ジョッキを机に置いて、重々しく口を開いた。
　おいおい、僕はおまえのお義父さんじゃないぞ……。結婚報告くらいで、緊張しすぎだろ。
「実はさ……、俺、俺……」
　これまで見たことのない前田の姿に、こっちまで緊張してくる。「おめでとう」という言葉が、もうすぐそこまで出かかっている。なんだよ、ずいぶん焦らすじゃないか。
　そしてついに、前田は思い切って口を開き、告白した。

「俺、三崎に、**借金の連帯保証人になってほしいんだ!**」

「そっか……レンタイ保証人ね……。おめでとう……!?」

……は? 今、なんて言った? 借金の……なんだって?

「え? 借金!? なになに? どういうこと??」

僕は完全に予想外だった前田の言葉に虚を突かれ、すっかり取り乱してしまった。声が裏返ってしまっているのがわかる。

すると前田は、カバンから何やら書類を取り出して、こちらへ差し出した。

前田ケイイチさま

金　1,000,000 円也

支払期限：20XX 年 11 月 30 日

支払方法：

さわやか銀行新橋支店

当座 XXX-XXXX カ）ヨツバカード

督促状

貴殿の当社に対する上記債務については、これまで再三請求してきましたが未だにお支払いがありません。上記請求金額を期限までに必ずお支払いください。万が一お支払いなき場合には、貴殿の家財・給与等を差し押さえるべく法的な手続きをとりますので、ご承知おきください。

「なんだこれ……!?　**督促状?**　いち、じゅう、ひゃく、せん、まん……ひゃ、**100万円!?**」

前田は恥ずかしそうに頭をかきながら、話し始める。

「いやぁ……、実は半年くらい前から、パチンコにハマっちゃってさ……。ボーナスでまとめて返せばいいやと思ってカードローンでガンガンお金を借りていたら、あっという間に上限の100万円までいっちゃって……、何度か電話を無視してたら、さすがにヤバそうな手紙が来ちゃってさ……」

僕が、目の前に差し出された書類の物騒な言葉に目を奪われフリーズしていると、前田は少し顔をひきつらせながら続ける。

「俺は特に財産も持ってないしさ、その紙に書いてあるとおり給与を差し押さえるってことなら、次は会社に連絡が来るってことになるよな?　三崎もわかってくれると思うけど、さすがにそれはマズいんだよ。でも、かといって100万円払えるようなアテもないし……。だから新しくお金を貸してくれるところをさんざん探してさ、ようやく貸してくれる会社を見つけたんだよ。ただ、そこの会社では、**会社勤めの"連帯保証人"が必要**だと言われちゃってさ……」

そう言うと前田は、カバンの中からもう1枚書類を取り出した。どうやら、新しい借金のための契約書のようだ。契約者の欄には、（株）ニコニコクレジットというおそらくサラ金の名前と、前田の名前がすでに署名されている。連帯保証人の欄はまだ空欄になっていて、僕にはその空白が、不気

味に白く光っているように見えた。

「……そんな自転車操業みたいなことしちゃって、本当に大丈夫なのか……？」

「なに、ちょっと契約書に名前だけ貸してくれればいいんだよ。大丈夫、ボーナスが入ったらすぐに全部返せるんだからさ！」

僕が返答に迷っていると、前田はたたみかけるように「頼むよ！　俺には三崎しか頼めるヤツがいないんだ……」と声を絞り出す。

前田とは、新入社員の頃からの長い付き合いだ。ウチの会社では毎年ボーナスもそれなりに出るし、大丈夫だとは思うけど……、**何気ない気持ちで始めてしまう借金の恐ろしさ**について、つい昨日フゴーから教わったばかりだ。これは、いったんフゴーに相談した方が良さそうだな……。

「ごめん、前田。助けになりたいとは思うんだけどさ……、1日だけ考えさせてくれないか？」

そう言うと、さっきまでへらへらと笑っていた前田の表情が、一瞬だけ真顔に戻った。その一瞬を見てしまった僕は、何か得体の知れない恐怖を感じたが、次の瞬間、前田はくしゃっと表情を崩し、笑顔をつくって見せた。

「……そうだよな。突然こんなこと頼んで悪かったよ。1日じっくり考えてくれ。何かあったらいつでも聞いてくれていいから。えっと、俺、この後ちょっと用事があるから。このあたりでお開きにしようか。すいませーん、お会計！」

連帯保証人のヤバすぎる末路

　そう言うと前田は、まだ半分ほど中身の入っていたハイボールを一気に飲み干した。会計を待っている間の前田は、「ごめんな、ごめんな」と繰り返すばかりだった。

 ただいまー……。

　僕はさっそく、前田から頼まれた**"レンタイ保証人"**の件を相談したくてフゴーを探す。
　しかし、電気をつけて部屋の中を見渡しても、あのピンクの貯金箱の姿はどこにも見当たらない。

 フゴー……？

　どこに行ってしまったんだろう。昨日みたいに、1人にしてほしいときはやたら絡んでくるくせに、こっちが相談したいときに限っていなくなったりする。
　「まったく、あまのじゃくな神様だ……」などと小言を言っていると、バタンッと背後で急にドアの閉まる音がした。

 だーれが、あまのじゃくやって？　え？

　振り返ると、玄関のところにフゴーの姿があった。

 あっ、それは、えっと……。

廊下を通ってぽてぽてとこちらへと歩いてくるフゴーは、なんだか足取りがヨロヨロとしていてぎこちない。

いつものとおりフゴーが飛び跳ねて、机の上へぴょこんと飛び乗ると、ツンと鼻を刺す強烈な酒のにおいがした。

……あれ、フゴーさん、まさか酔っていらっしゃる……？

いつもは丸く大きなフゴーの目も、今日はトロンとして半開きだ。どうやら、どこかで酒を飲んできたらしい。

いやぁ〜、今日は飲んだ飲んだ。ひっさしぶりにこんなに酔ったわ。ほな、今日はもう寝るかな。

フゴーはこの姿のまま飲みに出かけたのだろうか……？こんな妙ちくりんな生き物（？）が街に出たら、大騒ぎになりそうなもんだ。いや、もしかしたら、神様だけが集まるような、特別な場所でもあるのだろうか。

……って、おい！　ちょっと！　まだ、寝ないでくれよ！今日はフゴーに、相談したいことがあるんだ！

フゴーは、いかにもめんどうくさいという顔をして、こちらを向く。

🐷 お、どうしたん？ 自分もいよいよ、身を固める気になったかぁ？

🧑 何言ってるんだ？ 違うよ！ 借金のことで、今すぐ相談したいことがあるんだ。

🐷 シャッキン？

🧑 同期の前田から、**「借金のレンタイ保証人になってくれ」**って頼まれちゃったんだよ！

🐷 ……連帯保証人やと？

そう言うと、フゴーの目つきが鋭く変わった。
ついさっきまであんなに酔っ払っていた様子だったのに、まるで別人（別ブタ）のような真剣なオーラだ。

🐷 まさか……、もうサインしたんやないやろな？

さっきまでと一転して深刻そうにしゃべるフゴーの様子に、思わず息を飲む。

🧑 い、いや、サインはしてないよ。よくわからなかったし、フゴーに相談してからの方がいいと思って……。

するとフゴーは、安堵したかのようにホッと顔をゆるめて、
つぶやいた。

……つい昨日、借金についてレクチャーしたばかりやけど、こんなにも早く**"借金の最大にして最凶の落とし穴"**にハマりかけるとは……、自分、ホントに才能あるよな。"借金界の大物ルーキー現る"やで、ホンマ。

そんな才能うれしくないよ!っていうか"最凶の落とし穴"って？　レンタイ保証人が何だっていうのさ？

じゃ、自分は、前田の話を聞いて、どういうことやと思ったんや？　何をしてくれって頼まれた？

前田は**「名前だけ貸してくれればいい」**って言ってたけど……。"レンタイ保証人"ってことは連帯責任ってことだろうから、もし前田が借金が返せなくなったら、**前田の代わりに僕がその借金を返さなきゃいけない**ってことだろ……？

するとフゴーは黙って、短い首を横に振る。

そう思ってる人も多いんやけどな。その、"代わりに借金を返す人"っちゅうのは、民法で言うところの**ただの**

142

"保証人"やねん。"連帯保証人"とはちゃうんや。

 えっ、"連帯保証人"と"保証人"は別モノ……?

 "連帯"保証人っちゅうのはな、言わば保証人の上級版で、ただの保証人に認められている**3つの権利を放棄させられている、極めて弱い立場の人のこと**なんや。その3つの権利っていうのはな……。

ゴクリ。
まるで怪談話でもするかのようなフゴーの低い口調に、思わず生唾を飲み込む音が聞こえ、びっくりする。

 ①催告の抗弁権、②検索の抗弁権、③分別の利益、この3つや。

 うわ、急にむずかしい法律用語が出てきた……。

僕は思わず苦笑いをしたが、フゴーのまなざしは真剣だ。

 まず、**①催告の抗弁権**。"催告"っちゅうのは、要は"催促"のことや。せやから"催告の抗弁権"とは、保証人の自分が、債権者(金融機関)に「代わりに金払え」と言われたとき、**「いや、まずは借りた張本人に催促せ**

143

んかい!」と文句を言う権利のことや。

文句を言う権利ねぇ……。そりゃあ、金を借りたのは前田なんだから、まずは前田の方に催促してもらうのが筋じゃないの?

ところがな、連帯保証人にはこの催告の抗弁権が**ない**わけや。だから、債権者が、張本人の前田より先に自分に「金を払え」って言ってきても、**自分は何の文句も言わずに、それに応じなければならない**んや。

じゃあ、もし金融機関が、前田より僕から取り立てた方が手っ取り早そうだって判断したら……?

そう、**自分に拒否する権利はない**んや。まあ、金融機関もよっぽどのことがない限り、借りてる本人を差し置いていきなり連帯保証人に対して請求してくるってのはなかなかないやろけど、理論上はそれも可能っちゅうことになるな。たとえば、前田と一切連絡が取れなくなっても、前田本人を死に物狂いで捜さなくても済むわけや。連帯保証人の自分のところに、代わりに返済するよう連絡すればいいだけなんやからな。

そんな……。「借りた本人に返してもらえ」って、**そんな**

144

連帯保証人のヤバすぎる末路

当たり前のことすらも言えないってのか……。

🐷 ほんで次が、②**検索の抗弁権**。ここでの"検索"いうのは、財産をあれやこれや探すこと、つまり"ガサ入れ"みたいなイメージやな。で、"検索の抗弁権"は、自分が債権者から請求をうけたとき「前田は財産を持ってる。証拠もある。だから**まずはアイツの財産調べてみてくれ**」と文句を言って借金の肩代わりを拒む権利のことや。

👦 財産があるんなら、まずはそっちから返してほしいよね。だって借金をした張本人なんだから、当然でしょ？

🐷 ところがどっこい、この検索の抗弁権も連帯保証人には**ない**。たとえば前田が借金を返せるだけの現金を隠し持ってたり、不動産や高級車を保有しているという事実を自分が知っていて、「まずは前田の財産から回収してくれ！」と債権者に言っても、聞いてはもらえないんや。まるっと借金だけ押しつけられて、前田はのうのうと豊かに暮らすっちゅうシナリオもありえんわけではないんや。

そんな……。前田とは入社してから4年半の付き合いになるけど、意外とその素性は知らない。パチンコにハマっていたことだって、ついさっき聞いたばかりなんだ！ 僕ははたして、アイツのことを心から信用していいのだろうか……？

145

🐷 そして、最後は、③**分別の利益**や。

👦 これだけ、他の2つと違って、ナントカ権って言い方じゃないんだね?

🐷 そうやな。"権利"っていうのは必要に応じて発動できるものやけど、"利益"は、黙っていても受けられるものを指すな。で、これはどんなメリットかっちゅうと、保証人が複数いる場合、対象の債務(借金)を**頭割りした金額しか責任を負わなくていい**という利益のことやな。たとえば、100万円の借金に保証人が4人おったら、1人あたりの保証額は25万円になる、これが"分別の利益"や。

👦 なるほどね。保証人が多ければ多いほどリスクが減らせるんなら、少しは肩の荷も軽くなるかな……。

🐷 ところが、連帯保証人には、この利益も**ない**。つまり債務者からすれば、頭割りする必要がない。ちゅうことは、仮に何十人もの連帯保証人がいたとしても、自分1人に借金の全額返済を債権者が要求してきたら、**それに従わなければならない**っちゅうことや。

👦 そんな……、何十人もいるのになんで僕だけ……。

なるほど……。**借金の連帯保証人は、僕が想像していたよりずっと深刻な役回り**だ。

 わかった。せめて……せめて、さっきフゴーも言ってた、ただの"保証人"にしてもらうよ！

僕はスマホを手に取り、前田に電話をかけようとした。
しかしフゴーは、残念そうに首を横に振る。

まあ、それは無理やろな。**金貸しは、基本的に連帯保証人しか取らん**。さっきの3つの権利を使われるとめんどうくさいからな。世の中、そこまで法律のことにくわしい人間もおらんから、自分みたいに「ちょっと名義貸してあげるだけ」って軽く考えて、連帯保証人のハンコを押してしまう人間は、意外と多いんや。でも今言ったとおり、連帯保証人っちゅうのはめちゃくちゃ責任の重い立場やから、これを引き受けるときは、**自分が金を借りるつもりでハンコを押さないといけない**んや。

父さんが昔から「連帯保証人にだけはなるなよ」と口酸っぱく言っていたのは、こういうことだったのか……。

そうやって、知り合いに頼まれて断れなかったばっかりに連帯保証人になり、破滅していった人っちゅうのはいっ

ぱいおったな……。最近は法律が改正されたり、インターネットとかでもいろんな情報が手に入るようになって、昔より減っているのかもしれんけど。まあ、友達には申し訳ない話やけど、**100万円自分で丸ごと返すだけの覚悟と余裕がないんやったら、これは絶対に断らんとアカン**。利子やら延滞損害金やらが上乗せされて、当初の金額よりも借金が増えていく可能性もあるからな。

……でも、困っている友達を何とか助けたいんだよ。何か、何かいい方法はないのかな？

そうやなぁ、サラ金はじめ金貸しはみんな怖いからなぁ。なんたって、血も涙もない鬼みたいなヤツらや。でも、**身内みたいに優しくて、金も貸してくれるところ**が１個だけ思い当たるなぁ……。

フゴーが視線をチラリと見やった先には、先週読み返していた**福利厚生ハンドブック**があった。

……あ！　そういえば、たしか……。

僕は、大急ぎでハンドブックをめくった。

翌日。僕は会社に着くと、真っ先に前田のいるフロアに向

かった。

「おはよう、昨日はおつかれさま」と声をかけると、モニターから顔を上げて、前田が振り返る。その目の下には、クッキリとクマができていた。

「昨日はいろいろゴメンな……ムリなお願いしちゃって」

「いや、いいんだ。でもな……」

僕はフゴーに言われたことをざっくりと説明しつつ、連帯保証人にはなれないことを前田に伝えた。

「そっか、連帯保証人には、そんなに重い責任があったのか……。そんなこともつゆ知らず、俺は大変なことに友達を巻き込もうとしてたんだな……。三崎、ごめんよ……ゆるしてくれ……」

前田は顔を両手で覆い、何度も謝った。どうやら前田は、僕が信じていたとおりの人間だったようだ。

「いや、いいんだ。僕も勉強になったしさ。……で、代わりと言っちゃなんだけど、ゆうべ、思い出したんだ。前田、このハンドブック持ってる?」

そう言って僕は、"福利厚生ハンドブック"を見せる。

「え?　ああ、入社式のとき以来、引き出しの奥に入れっぱなしだな……それがどうかしたの?」

「この52ページにさ、うちの会社の互助会がやってる"生活資金貸付"っていう福利厚生制度があるんだよ!　200万円までだったら、生活資金として貸してもらえるみたいなんだ!　まずはここに相談してみたらどうかな?」

149

前田は僕の顔とハンドブックを交互に見つめた後、僕が差し出したハンドブックをものすごい勢いでめくり、食い入るように制度概要を読み始めた。

　ハンドブックに目を落としたまま、前田がつぶやく。

　「三崎……この問題が片づいたら、また、飲みに誘ってもいいかな?」

　「はは、当たり前だろ?　僕たちは友達なんだからさ。……ただし、借金にはもう二度と手を出すなよ?」

　そう言って前田と別れると、僕はブタフで祝杯をあげる2人の姿を想像しながら、自分のデスクのあるフロアへ向かった。

POINT

- 「連帯保証人」と「保証人」は別モノ。「連帯保証人」は①催告の抗弁権、②検索の抗弁権、③分別の利益という「保証人」に認められている3つの権利がないため、債権者に「お金を返せ」と言われたら返すしかない
- 連帯保証人の返済責任は、「借りている本人の次」というより、借りている本人とほぼ同じである

借金でクビが回らなくなってしまったらどうする？

COLUMN 7

　パチンコにハマり、100万円もの借金をつくってしまったソウタの同期・前田くん。泥沼に踏み込む一歩手前で、ソウタがフゴーとともに磨いたマネーリテラシーと、会社が用意してくれていた福利厚生制度に救われ、ピンチを脱する糸口を得ました。

　しかし誰にでもこうした福利厚生制度があるとは限りません。多額の借金をつくってしまい、頼るべき福利厚生制度などもない場合は、どうしたらいいのでしょうか？

まず、駆け込むべきはネット検索……「ではない」！

　僕たちは、何かの疑問やトラブルにぶち当たったとき、たいていの解決策がネット上にあると考えがちです。

　しかし、インターネット上の情報の中には、何かしらの商品を買わせることを目的につくられた**広告主体のサイトが、けっこうな割合を占めています**。ニキビのお悩みサイトは、洗顔ソープや塗り薬の広告、ダイエット情報がまとめられたサイトはジムやサプリメントの広告、といった具合に、アクセスしてきたお客さんに広告を流すことを目的としてつくられているサイトもあるということですね。

　こうしたインターネット上の広告のことを「アフィリエイト」と呼びますが、アフィリエイトサイトでは、まるで第三者による客観的な口コミであるかのように商品がオススメされてい

るため、このサイトを見たユーザーは、それが広告であるということに気づかないうちに、「人気商品なんだ」「いいレビューがついてる」と思い込んで、商品を買わされてしまうのです。

　検索エンジンの発達によって、あからさまなアフィリエイトサイトはだんだんと排除されてきてはいますが、**ネット上の情報サイトは慈善事業ではなく、広告収益を目的としてつくられているものがほとんど**なので、なくなることはまずないでしょう。

　そんな前提を踏まえた上で、借金の解決策について考えてみます。検索エンジンで借金の解決策を検索すると、そのほとんどが**「カードローンの新規契約」**もしくは弁護士事務所等の**「債務整理」「自己破産」**を勧めるものに行き当たります。中には「手遅れになる前に、大至急債務整理を！」というふうに危機感をあおるサイトもあります。このようなサイトから問い合わせが発生すると、ウェブサイトの管理者には広告収入が入りますし、弁護士事務所は新規の顧客を獲得できるわけです。アフィリエイトサイトの広告要項を見ると、債務整理は問い合わせ1件獲得で1万円以上、カードローン・キャッシングも成約1件で5,000円以上もらえるという**超高単価の広告案件**になっており、そのような報酬目的でつくられるサイトが後を絶たないのです。

　カードローンは、新たに契約して金利が安くなればいいで

すが、それは審査次第ですし、**現実的にはあまり変わらない**ことが多いです。金利は貸す相手の信用度で決定されるため、同じ人間に対しての金利は、会社を変えても、だいたい同じくらいの水準に落ち着きます。

　債務整理も、手段の1つとして決して間違いではありませんが、**高い手数料（着手金＋減額分の10％ほど）がかかってしまう**ので、その前に他の手段を講じるべきと思います。

何よりも大事なのは「現状把握」

　この後の第11話でくわしいやり方を取り上げますが、**毎月の収入と支出をまずはいったん整理してみる**ことです。毎月の手取りの収入がいくらで、それが何に消えているのか、項目別に整理してみると、削れそうな項目・節約した方がよさそうな点がわかってきます。借金の返済があるにもかかわらず、飲み会や外食などで毎月赤字になっていては、絶対に借金は減らないですよね？　一人暮らしのマンションを引き払って、実家に帰るという選択肢もあります。そのように切り詰められるコストがないか分解して考えて、本当に返済ができないのかを検討します。

利子の支払いをなるべく抑え、元金を減らす

　リボ払いの回でも説明しましたが、借金において金利はとにかく凶悪な働きをします。高金利の借金となると、毎月の返済のほとんどを利子が占めるため、**なかなか元金が減らず**

に返済が長びきます。そのため、なるべく利子の支払いを抑え、**元金が減るよう返済していく**必要があります。

　利子の支払いを抑えるには、①金利を下げる、②返済を「元利均等」→「元金均等」に切り替える、③元金の繰り上げ返済をする、といった方法が考えられます。①は、消費者金融などで借りている場合は、信用金庫や銀行の多目的ローンやおまとめローンを検討してみるのがいいと思います。カードローンなどATMで自由に何回も使えるローン（「極度型ローン」と言います）に比べ、一回一回契約書を交わしてまとまった金額を借りるローン（「証書ローン」と言います）は金利が低い傾向にあります。

　②は、毎月の返済額における元金部分の割合を増やす方法ですが、商品によってはできないこともありますので借入先に確認してみましょう。

　③は、手元のお金に余裕が出てきたら、繰り上げ返済で元金を減らし、ムダな利子が発生しないようにすることです。**とにかく総大将である元金をたたくこと**に集中するのが、借金返済を早く終わらせるコツです。

家庭内レバレッジ……まずは家族に相談する

　レバレッジとは、英語で「てこ」のことを意味し、小さな力で大きなものを動かすしくみのことを指しますが、お金の用語として使われるときは、だいたい「借金」のことを意味します。1,000万円の自己資金を用意し、4,000万円を借金して、

COLUMN 7

5,000万円のマンションを買う。これを「レバレッジを効かせて物件を買う」というふうに言います。

「家庭内レバレッジ」とは、このレバレッジを文字どおり家庭内で行うことです。まぁ、言い換えると**「家族に借りること」**ですね。

借りたものを返すのは人として当然ですが、赤の他人や利益目的の金融機関に借りるよりは、どう考えても優しい対応をしてもらえるでしょう。あなたが借金で困ったときにまず相談すべきは、何をさしおいても**ご両親**です。「親にだけは心配をかけたくない」という気持ちもわからなくはないですが、借金が膨らみ、なりふり構わず金策をするのであれば、まずは勇気を出して家族に相談してみるべきです。これは両親だけでなく、配偶者の方に内緒でつくってしまった借金においても同様です。

私の友人のメリルさん (@tkno730) という方は、現役銀行員でありながら、ギャンブルによって1,000万円の借金を抱えてしまいました。彼がそこから完済にいたるまでの過程**「銀行員が借金1,000万円に堕ちて這い上がる話」**は、2019年にネットに公開され、大きな話題になりました。まだ読んでいない方は、ぜひ読んでみてください。借金を抱えていない方も必読の内容です。

こういった生の事例を見ても、ご家族が大きな支えとなってくれていることがわかります。たとえ直接的な金銭的支援が得られなかったとしても、**必ずあなたの力になってくれるこ**

とと思います。まずは身近で信頼できる人に相談をしましょう。

無料相談窓口に行く

　毎月の生活コストを最適化しても返済が苦しく、家庭内レバレッジも頼れない。そんな場合は、法的な整理（任意整理・自己破産など）を検討することになります。

　実は法的整理においても、**各地域にたくさんの無料相談窓口があります**。複数の窓口を利用して、いろいろなプロの意見を聞いてみるのもいいでしょう。

　まずは、以下のような公共の無料相談窓口を活用するのがいいのではないかと思います。対面だけでなく電話相談なども用意しているところもありますので、参考にしてみてください。

【公共の相談窓口】

- 国民生活センター
- 弁護士会
- 司法書士会
- 日本司法支援センター（愛称：法テラス）
- 財務支局
- 日本クレジットカウンセリング協会

第 9 話

数年ぶりのデート

　また1週間の労働を終えて迎えた、この週の土曜日。僕はこの日を心待ちにしていた。黒木さんとランチの約束をしていた日だったからだ。

　普段はギリギリの時間まで寝ているのに、この日は妙に早く目が覚めてしまった。普段より念入りにシャワーを浴びたつもりだったが、それでも時間を持て余してしまい、朝から落ち着かなかった。

　フゴーは「ワシもついていく！」と言い張ったが、「今回ばかりは本当にやめてくれ。なんでも好きな酒を買ってやるから」と言うと、しぶしぶ引き下がった。

　待ち合わせ場所に指定されたのは、新宿駅の南口、昼の12時。

　図書館で借りてきた文庫本を読みながら待っていると、約束の時間より5分ほど遅れて黒木さんがやってきた。

　「ごめん！　遅れちゃって。待った？」

　あせった様子で登場したこの日の黒木さんの服装は、白いブラウスに、鮮やかな花柄のスカート。走ってきたのか、コートは脱いで腕に抱えている。結婚式のときはストレートにしていた髪を今日は巻いていて、あのときよりもだいぶ華

157

やかな印象だ。僕はまともに顔を見ることができず、頭をポリポリかくしかなかった。

「じゃあ……、三崎くん、行こっか？」

僕の方を振り返り、完璧な笑顔をつくってみせる彼女は、まるでアニメやラノベの世界のヒロインのようだった。なるべく平静を装おうと心に決めていた僕だったが、のっけから顔が熱く火照るのを感じた。

・・・・・・・・・・・・・・・・・・・・・・・・・・・・

黒木さんに先導されるがままやって来たのは、駅ビルのレストラン街にあるこじゃれたタイ料理屋だ。

黒木さんは、ガパオライスと南国のカラフルなフルーツが浮かんだお洒落なドリンクを、僕はグリーンカレーとアイスコーヒーを注文した。

僕にとっての最大の懸念事項は、食事中、無事に会話が続くのか、何か変なことを言ってしまわないだろうかということだったが、それは無用の心配だった。黒木さんは意外にもおしゃべり好きらしく、僕はただひたすら聞き役に徹していればよかったからだ。

目をキラキラさせながら明るくしゃべる彼女の姿は、高校生のときや先日の結婚式で同じテーブルにいたときとはだいぶ印象が違って驚いたが、あれは周囲の人に遠慮をしていただけだったようだ。心を許した相手に対してはよくしゃべる人なのだということが、今日いちばんの発見だった。

そして、彼女は僕が想像もつかないような経験をたくさん

していて、それを面白おかしく話すのがとても上手かった。1人でインドへ旅行に行った話。大学生の頃にメイド喫茶でバイトをしていたときの話。いくら話を聞いていても飽きない。しゃべるのが苦手な僕にとっては、一緒にいてすごく心地のいい相手だ。

　あっという間にそれぞれのランチを完食すると、黒木さんは少し恥ずかしそうに「デザート、食べてもいいかな？」と聞いてから、マンゴーのカキ氷を注文した。

　ほどなくして、びっくりするほど大きなカキ氷が運ばれてきた。

　「2人分かな」と思ったが、黒木さんはどうやら1人で食べるつもりらしい。スプーンでカキ氷を口に運び始める。

　そして、突然何かを思い出したように、「あ！」と口を開いた。

　「そういえば、三崎くん、この間、**貯金が全然ない**って話、してたよね？」

　僕は、急に自分のことに話題を振られてドキリとする。

　「あ、うん……。大きな声じゃ言えない話だけどね……」

　すると、黒木さんは一呼吸を置き、慎重に話し始めた。

　「あの……、私、もしかしたら力になれるかもしれない！」

　「え？」

　たしか、結婚式で会ったときは、黒木さんも奨学金を返すのが大変で、貯金どころじゃないと言っていたはずだ。

　すると黒木さんは、少し恥ずかしそうに口を開く。

「いや、結婚式のときは言わなかったんだけどさ……、ほら、ああいう場でそういうこと話すのって、なんか気が引けるじゃない？　でも、実は私、**投資をやっていて**、最近調子がいいんだ。もう、仕事も辞めちゃってもいいかなって思っているくらい……」

そう話す黒木さんは、自信があって知的な、自立した女性という印象を与える。決して自慢や嫌味な印象はなく、僕は「投資で生活なんてうらやましいなぁ」と素直に感じさせられた。

「といっても、私もまだ投資歴は半年くらいで、半人前なんだけど。私の“先生”にあたる人がいて、『もし同じように投資に興味がある人がいたら連れてきてもいいよ』って言っていたから。三崎くん、どうかな？　と思って」

そして黒木さんは、手を組み、やや上目づかいで僕のことを見つめる。僕は、その黒くて大きな瞳に吸い込まれそうな錯覚を覚え、ハッと我に返る。

「興味ないことはないけど、正直、僕、投資とか全然わからなくて……、元手になるようなお金もないし……」

すると黒木さんは、柔らかな表情をつくって微笑んだ。

「そうだよね。もちろん、投資にリスクはつきものだし……まあ、興味があったら、いつでもまた言って！　でも、会社のお給料以外の収入があるってのはいいものよ。なんといっても、心に余裕ができるもの！」

僕がなんと答えるべきか考えあぐねているうちに、あんな

数年ぶりのデート

に大きかったはずのカキ氷の山は、いつの間にかなくなっていた。

「えっと……、そろそろ、出る？」と聞くと、黒木さんは「うん」と答え、会計を済ませて、店を出た。

僕は一応、この後の計画も立ててはいたのだけど、黒木さんには用事があるということで、本日のデートはあっさりと解散することになった。

がっかりした気持ちがまったくなかったかと聞かれたら否定はできない。でも、まあ、初デートにしては大きな失敗もなく、上出来、及第点と言えるだろう。

小田急線に乗る彼女の姿を見送ると、僕は人々が慌ただしく行きかう新宿の雑踏を背にして、帰路についた。

・・・・・・・・・・・・・・・・・・・・・・・・・・・・・・・

休日昼間の空いている電車に乗って家に帰ると、フゴーが待っていました！と言わんばかりに駆け寄って来た。

 デート、どやった？

 どうって……、別に普通だったよ。

そう、普通だ。僕はひさびさの女子とのデートを、なんとか無難に乗り切ったのだ。ただランチを食べただけで、デートと呼べるかは正直微妙なところだが、僕からすれば、十分すぎる出来だった。凱旋パレードでもしたいくらいだ。

なんや、いい年して、「別に普通」て。思春期の高校生みたいなこと言いよるなぁ、かわいいやっちゃなぁ。

フゴーはどうしても僕をイジりたくてたまらないらしい。

うるさいなぁ。フゴーには関係ないだろ？

　そう言うと僕は、やんやと囃（はや）したててくるフゴーをスルーしてベッドに寝転がり、枕に顔をうずめた。
　今日は楽しかったな……、黒木……アイコさん……か、また会いたいけど、会ってくれるだろうか……。
　そして、黒木さんが最後に話していた投資の話……。ちょっと気になるけど、いったいどんなものだろう。僕が「興味がある」って言ったら、また会ってくれるかな……。
　そんなことを考えているうちに、窓から差し込む秋の暖かな陽気にあてられて、僕はすっかり眠りこんでしまった。

第 **3** 章

サイフの穴を
ふさぐには？

お金に困らず生きていくために

第10話

この世界の
根っこのルール

#資本主義　#日本型社会主義　#資本家と労働者　#投資

　その日、僕が優雅な昼寝から目覚めたのは、もうすっかり日の落ちた、19時頃のことだった。

 おなか空いたなぁ……。

　普段、家ではほとんど自炊をしないため、1階のコンビニで適当に買ってくるか、前田に声をかけて飲みに出るか。最近はスマホを使って、デリバリーを頼むことも増えてきた。さて、今日の夕飯はどうしようか……。
　するとフゴーが、机の上から鋭い視線を飛ばしてきた。

 朝の約束、忘れてないよな……？

　朝の……約束？　思い返すと、フゴーが黒木さんとのデートについてくると言ったのを「酒を買ってやる」と言って、強引に振り切ったことを思い出した。

 ああ、お酒ね……、え、何？　今日？　これから一緒に飲みに行くってこと……？

おそるおそる尋ねると、フゴーはコクコクとうなずく。

 そんなこと言ったって、その姿でどうやって……。

するとフゴーは不敵に笑い、くるりと体をひるがえす。
次の瞬間、怪しいピンク色の煙が部屋の中に立ち込めた。
ボワワワン。

 うわっ……、ゴホゴホッ、なんだこの煙は……？

しばらくして煙が晴れてくると、そこには白いスーツに身を包み丸いサングラスをかけた、怪しげな大柄の紳士が立っていた。手には同じく白のステッキを持っている。

 えっ、あれ？　フゴー……？

紳士はこちらを振り返ると、手に持っていたステッキを少し上げ、「ほな、行こか」と歯を見せて笑った。

 フゴー、人間の姿に変身なんてできたんだね……。

駅へ続く住宅街の道を、ヒト型になったフゴーと連れ立って歩く。

まあ、力をたくさん消費してしまうさかい、たまーにしかできひんのやけどな。

　フゴーの白スーツは一発屋のお笑い芸人のようで、夜の住宅街では明らかに違和感のある格好だったが、あまり深くはツッコまないことにした。ここ数日の出来事はツッコみどころが多すぎて、いちいち反応してるとキリがない。
　10分ほど歩き、駅の北側に広がる飲み屋街に到着。平日のような賑わいはないが、それでも何軒かの店に明かりがつき、のれんがかかっていた。

 うん、ここにしよか。

　フゴーは何かピンと来たのか、一軒の小料理屋の戸を開けて中へ入っていく。カウンターがあるだけの小さなお店で、どうやら女将さんが1人で切り盛りしているようだ。女将さんは、怪しさ満点のフゴーの姿を見て一瞬目を丸くしたが、「どうぞ」と言って、目の前のカウンター席を案内してくれた。

 まあ、たまにはこういうオトナな感じもええやろ。

　席に着くと、フゴーはさっそく日本酒といくつかの料理を手際よく頼み、僕はレモンサワーを注文した。
　前田と2人で飲みに行くのは、仕事の愚痴を言いながら

この世界の根っこのルール 第10話

酒でストレスを発散するためだったから、周りがガヤガヤしていてもあまり気にならなかった。安く酒が飲めればそれでよかったのだ。だから、こうして落ち着いた店で誰かとお酒を飲むのは、考えてみれば初めての経験だった。

ほどなくして出てきた飲み物で「ほな、おつかれ」と軽く乾杯すると、さっそくフゴーが口を開く。

🐷 これまで自分には、税金とかお金のルールの話をしてきたけどな。今日は自分らが住んでる社会の根っこにある、**もっと大きなルール**の話をしようかと思ってな……。

🧑 社会の根っこにあるもっと大きなルール……？

🐷 せや。"**資本主義**"……って聞いたことあるか？

🧑 資本主義？ ……聞いたことくらいはあるよ。日本とかアメリカは資本主義で、中国はたしか社会……主義だっけ？ 資本主義といえば、何ていうか"**お金がすべて**"みたいな、そんなイメージだけど……。

🐷 うん、今日はそのあたりの話をしていくで。
まず、**資本主義経済**っちゅうのはな、**市場を中心に、個人や企業が自由に商売して競争していく経済のしくみ**を言うんやな。

市場を中心に個人や企業が自由に競争するしくみ？

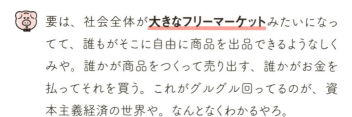 要は、社会全体が**大きなフリーマーケット**みたいになってて、誰もがそこに自由に商品を出品できるようなしくみや。誰かが商品をつくって売り出す、誰かがお金を払ってそれを買う。これがグルグル回ってるのが、資本主義経済の世界や。なんとなくわかるやろ。

まあね。今、僕らが食べてる料理も、女将さんがどこかのスーパーから材料を買ってきてつくってくれたものだし、その材料だって、スーパーが農家や漁師さんにお金を払って仕入れてる。**巨大な"フリーマーケット"のあちこちで、モノとお金が交換されている**ってことだよね。だから僕らは、**お金ナシには暮らすことができない**んだ。

そしてこの資本主義の世界には、**"資本家"と"労働者"という2つの階級**がある。"労働者"や、"技術や商品""資本金"といった"利益を生み出すための資本"を集めてビジネスをするのが"資本家"で、資本家のもとで働くのが"労働者"や。資本主義は競争の社会やからな。ライバルよりちょっとでも有利になるように、ヒト・モノ・カネをできる限り集めて合理的に商売をするんや。

僕みたいな**会社員は、"労働者"階級**ってことだね。

そういうことやな。一方で、資本主義経済と対立する概念として**社会主義経済**ちゅうのもあってな。これは、この**市場というフリーマーケットを、国がすべて独占管理してしまう**しくみのことや。出品する商品や値段、販売経路まで、ぜーんぶ国の役人がコントロールする。その代わり、「その市場で商品を売って上がってきた売上は、国民みんなに平等に配分しますよ」って、そういう約束をするわけや。そうやって、**金持ちな人や貧乏な人をつくらずに、みんなが平等な暮らしをしましょう**って考えたわけや。

えらく平和な世界だね。でもそんなこと可能なの？

結論から言うと、ほとんどうまくいかんかった。今でもベトナム、ラオス、キューバ、北朝鮮といくつか社会主義の国はあるんやけど、1991年に最大の社会主義国だったソ連が崩壊してからは、大きな国では特に無理のあるしくみってことがわかってきたんやな。平等な暮らしと言っても、人間それぞれいろんな価値観や欲があるし、労働者は**どうせ同じ配分しかもらえないんなら、なるべくサボろう**と思ってしまったんやな。結果、国民には不平不満がたまり、経済も衰退するっちゅう悪循環におちいってしまったというわけや。

なるほどね。たしかに、仕事してないヤツと同じ待遇で

ビシバシ働かされたら、やってらんないもんな。理想と現実は、いつの時代もなかなかうまくいかないもんだね。

そうや。資本主義経済には、自由競争によって**貧富の差が生まれるっちゅうデメリット**もあるんやけど、結局それに代わる経済のしくみもなく、国際社会のスタンダードは資本主義経済になってしまったから、我々は**この資本主義の世界のルールのもとで生きていくしかない**わけやな。

たしかに、よく"格差社会"って言われてるよね。

ところがな、実は**日本は、これまでずっと"社会主義的"な国**やと言われてきたんや。

日本が社会主義的!? 仕事や財産が国にコントロールされてるなんて、聞いたことないけど……。

いや、そういうわけやない。さっき自分も、「仕事してないヤツと同じ待遇でビシバシ働かされたら、やってらんない」って言うてたけど、何か思い当たることはないか?

あ……。言われてみればたしかに、会社にはどう見ても僕より仕事をしていなさそうに見えるおじさんが何人もいるけれど、彼らはたぶん僕よりずっと給料が高いはずだ。

第3章
この世界の根っこのルール 第10話

　一方、営業成績バツグンの同期のエース。彼は社内表彰も受けて周りからの評価は高いけど、給料面は僕とそこまで変わらないらしい。

な？　日本人の働き方って、ちょっと社会主義っぽいやろ？実は、旧ソ連のお偉いさんが日本に来たときにも、**日本を「世界で最も成功した社会主義国」と言った**なんて話もあってな。"日本型社会主義"なんて呼ばれてきたんや。

日本型社会主義……？

本当の"資本主義経済"ちゅうのは、実力あるヤツがどんどん出世して、ないヤツはクビを切られていく"弱肉強食"の世界や。アメリカなんかはまさにそうやろ。一方で、我らが日本の大企業はどうか？

たしかに一度会社に入ってしまえば、よっぽどのことがない限り定年まで会社にいられるし、基本的には"年功序列"だね。同期はみんなほぼ一律に給料や役職が上がっていくし。こう考えてみると、日本の社会は**"みんな平等"**で、社会主義的と言われてもうなずけるところがあるね……。

そのとおり。実はこれは、世界的に見てもかなり特殊な

171

ことなんや。日本人は小学生の頃から"平等がいい"っちゅう社会主義的な価値観を刷り込まれている。"みんな一緒がみんないい"とか"出る杭は打たれる"とか。そういう"トガリ"をなくした方が、サラリーマンとして管理もしやすいし、**税金もおとなしく払ってくれる**からな。いわゆる同調圧力ってヤツやな。

たしかに最近の運動会では、かけっこの順位をつけなくなったと聞いたことがある。でも、たいした取り柄もない僕みたいな凡人からすると、その方が安心だったりもするんだよな……。

そもそも、日本企業の"終身雇用制度""年功序列"なんかのシステムは、日本独特のモノで、これに労働組合をあわせて"日本的経営の三種の神器"なんて呼ばれてきたんや。他の国にはこんなんあらへん。新卒でみんな一斉に就職活動をするのも日本独特のもんなんやで。

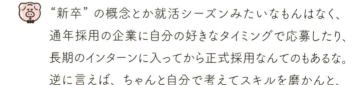
えっ？　じゃあ外国の就職活動ってどうなってるの？

"新卒"の概念とか就活シーズンみたいなもんはなく、通年採用の企業に自分の好きなタイミングで応募したり、長期のインターンに入ってから正式採用なんてのもあるな。逆に言えば、ちゃんと自分で考えてスキルを磨かんと、

この世界の根っこのルール 第3章 第10話

"新卒"ってだけでは職にありつくことはできんのや。

　そうか。なんとなくみんなに合わせて就活を始めて、なんとか就職できたけれど、海外だとそうはいかないのか……。日本に生まれてよかったな。僕はとりあえずそこそこ有名企業に入れたわけだし、これで人生何とかなるはず。いわゆる"勝ち組"ってヤツ？

　自分、"日本に生まれてよかった"とか、"この会社に入れた自分は勝ち組だ"とか考えとるやろ？

　（ギクッ……。完全にバレてる……）

　今までの時代はそれでよかったかもしれんけどな。**社会のルールは、時代によって刻一刻と移り変わる**。そうやって今の会社にしがみついとけば大丈夫っちゅう甘い考えのヤツは、後で痛い目見る時代になってきておるんや。

　後で痛い目を見る……？

　そうや。今、日本は"日本型社会主義"から**"完全な資本主義"**へ移行しつつある。

　なるほど……、むずかしそうなテーマだけど、これから

の人生やキャリアを考えるうえでは大事そうな話だね。

　僕は手元のレモンサワーを一口飲むと、上半身をフゴーの方に乗り出し、注意深く耳を傾ける姿勢を取った。

 さっきも言ったとおり、日本もアメリカに近い"弱肉強食"の世界になってきている。"終身雇用"や"年功序列"っちゅうのは**ボロボロ崩壊してきてる**し、みんなが知ってるような大企業やって、今後どうなるかわからん。これまで日本が世界に誇ってきた技術も、新興国の急速な成長や技術革新によってすぐ真似されたり追い抜かれたりしよるし、インターネットの力によって、国と国との境目はどんどんなくなってきとるからな。

 なるほどね、国内だけじゃなくて、**世界中の人や企業相手に戦っていかなきゃいけないのか**……厳しい世界だ……。

　これまで何も考えずに過ごしてきた僕が、こんな競争の激しい世界で生き残れるのだろうか……？

 じゃあ、いったい全体、これから僕はどうしたらいいって言うんだよ？　やっぱり**がむしゃらに働いて、給料を上げていくしかない**のかな……。

この世界の根っこのルール 第10話

- 🐷 いや、給料を上げるのも大事なことなんやけどな。それだけではなかなか豊かにはなっていかれない。なぜなら、会社から渡される給料というのは、**"労働力の再生産コスト"**でしかないからや。

- 😮 労働力の再生産コスト?

- 🐷 これは、社会主義の産みの親であるマルクスって経済学者が資本主義を徹底的に研究して発見したことなんやけどな。サラリーマンなどの労働者が受け取る給料ってのは、**毎日働くための労働力を回復させるための費用**として会社から与えられていて、それ以上でもそれ以下でもないっちゅう考え方や。

- 😮 給料が労働力を回復させるための費用? なんだかピンと来ないな……。

- 🐷 ようするに、自分がもらってる給料は、自分に毎日元気に働いてもらうために、ご飯食べて、睡眠取って、適度に遊んでリフレッシュしてもらい、**消耗した労働力を回復させるためのコスト**として支給されてるっちゅうことや。

- 😮 でも、僕の給料も、少しずつだけど上がってるよ……?

175

役職や地位が上がるにしたがって、その分責任も増え、仕事量やストレスも増える。加齢とともに体力の回復も遅くなる。つまり、毎日元気に労働してもらうためのストレスや悩みを解消する、すなわち労働力を回復するためのコストは、年を取るにつれて上がるんやな。

給料が上がっても、同じ分だけ労働力回復コストも上がったら……結局お金は貯まらなそうだね……。

さらに年齢が上がり結婚して子どもができたら、家族を養う必要が出てくる。すると会社は、労働者に元気に働いてもらうためにまた給料を上げる。つまり、**あんまり仕事してなさそうなオジサンの給料が若者よりずっと高いのは、それがその人の労働力回復コストだから**なんや。

たしかに……**会社は僕らを金持ちにするために給料を払ってるわけじゃない**もんな……。払う給料以上のメリットがあるから僕らは雇われているわけで、その分、給料で労働力を回復して全力で働くことが求められてるわけだ。

そうやな。せやから、資本主義の社会に暮らしている以上、サラリーマンをしているだけでは、なかなか豊かにはなれん。なんせ、**労働力を回復させるためだけ**

この世界の根っこのルール　第10話

の費用しかもらってないんやからな。まともに働けば働く
ほど手元に金が残らない……。残念やけど、そういうし
くみなんや。

世知辛い世の中だな……。こんなの、僕には**"無理
ゲー"**にしか思えないけど……。

そう思うやろ？　でもな、解決法はいたってシンプルや。
資本主義の世界でいちばん有利なのは誰やと思う？

サラリーマン、つまり労働者じゃお金持ちになれないな
ら、**もう1つの階級、つまり"資本家"ってこと?**

そう、資本主義の世界のいちばん賢い攻略法は、自分
も**"資本家"の仲間入りを目指すこと**や！

へ？　僕が、資本家に??

そう。少しずつでええから、**"お金がお金を生む状態"**
をつくりだすんや。たとえば、投資信託や株を買ったり
して配当金を得たり、不動産を買って家賃収入を得る
のもそうや。いくらかを元手にちょっとした商売をやって
みるのもそうやな。とにかく、**"会社に労働力を売る"
以外でお金を稼ぐ方法を身につける**のが、資本主義社

会攻略のカギや。

労働力を売る以外の稼ぎ方……僕にもできるのかなあ。

最初は少しずつでええ。なにごとも練習や、練習。

そうか。……と、いうことは、フゴー、僕にその方法と
やらを教えてくれるんだね!

するとフゴーは、若干呆れた顔をして日本酒をあおる。

自分、その前に、やらなアカンことがあるやろ?

へ? やらないといけないこと……?

……自分、全然、貯金ないやん。少しずつでええとは
言ったけどな、さすがに投資に回せるお金がまったくな
いんじゃ、資本家への道は開けへんで。自分の場合は、
まずそこから手をつけんとな……。

あ……やっぱり、そうゆうことね……。

そうと決まれば、今すぐとりかかろう! タイムイズマネー
や! 女将さん! この熱燗、もう1本もらってええ?

178

この世界の根っこのルール

怪しい紳士・フゴーは、そう言って追加で日本酒を注文した。どうやら、今夜は長い夜になりそうだ。

POINT

- 僕らが住んでいるのは「資本主義」社会
- 資本主義は大きなフリーマーケット、お金と商品がグルグルと回っている
- 「社会主義」は経済を国が管理。利益も平等に分配。ただし、実際に上手くいっている国はほとんどない
- "平等"を美徳とする日本社会には、社会主義的な面も多いが、終身雇用・年功序列などの昔ながらのシステムは徐々に崩れてきている
- マルクスいわく「労働者の給料は労働力の再生産コスト」。上がった分の給料は「労働力の回復」に消えてしまうため、結局手元にはあまり残らない
- 少しずつでも「資本家」を目指すのが、資本主義社会で豊かになるためのカギ

第 11 話

家計を見える化せよ！

\#家計簿アプリ 　\#節約習慣 　\#格安SIM

 よっしゃ、ほんなら、まずはさっそく、"家計の見える化"、をするで！　これまで何も気にしてこなかった**"収入"と"支出"を把握する**んや。ま、自分の場合、"収入"は会社からの給料、すなわち"手取り"だけやから、こないだ見た給与明細のとおりやな。

 そうだね。たしか23万円くらいだったはずだよ。

 せやな。ボーナス月以外の手取りはだいたい似たようなもんやから、問題は、"自分が何にどんだけお金を使ってるか"っちゅう**"支出"**の部分や。ここが、家計を管理する上でのキモになってくる。

　思い返してみると、出ていくお金、すなわち"支出"について、これまであまり深く考えたことがなかったことに気がつく。**「サイフの中にあといくら残ってるか」**を気にすることはあっても、**「サイフからいくら出ていったか」**については、そういえば真剣に考えたことがない。

ようするに、毎月、家計簿か何かつけろってこと?

　毎日続けようと決めた朝晩の腕立て伏せすら2日で辞めてしまった僕に、家計簿をつけるという行為はいささかハードルが高い気はするけれど……。

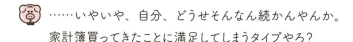 ……いやいや、自分、どうせそんなん続かんやんか。家計簿買ってきたことに満足してしまうタイプやろ?

　フゴーの秒速のツッコミは、あいかわらず痛いところをついてくる。

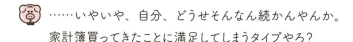 とりあえずな、まず自分にやってほしいのは<u>**1回だけ、たった1回だけでいいから、1カ月の支出を書き出してみてほしい**</u>んや。つまり、"現状を把握する"、コレがいちばん大事なことやからな!

　そう言うとフゴーは、胸ポケットから取り出した手帳に簡単な表を書き始めた。

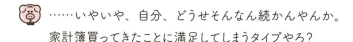 こんなふうに、出ていくお金を項目ごとに分けて表をつくる。そんで、まあ細かいことはいいから、思い出せる範囲で、先月のお金の動きを埋めていくんや。わからないところは飛ばしてええから。

固定費	家賃 _____
	水道光熱費 _____
	携帯電話 _____
	インターネット _____
	民間保険 _____
	奨学金返済 _____
変動費	食費 _____
	飲み会 _____
	タクシー _____
	衣服・日用品等 _____
	スマホゲーム _____
	その他雑費 _____

 こういうのは、**細かくやろうとしたらアカン。最初は超ザックリでかまわん**のや。ええか、ザックリやからな！

フゴーに言われるとおり、僕は表の空欄を埋めていく。

 えーと、まずいちばん大きいのは家賃だよね。9万円、やっぱデカいなー。あと、次に携帯電話代か……。機種代も合わせてだいたい1カ月に1万円くらい。保険はこのあいだフゴーに言われて解約用の資料を取り寄せているところだけど、たしか生命保険と医療保険合わせて毎月8,000円ぐらいかかっていたんだよな……。

固定費	家賃	90,000
	水道光熱費	4,000
	携帯電話	10,000
	インターネット	3,000
	民間保険	8,000
	奨学金返済	13,000
変動費	食費	
	飲み会	
	タクシー	
	衣服・日用品等	
	スマホゲーム	
	その他雑費	

うん。上半分はこんなもん……かな。

オーケー。ほな、下半分もいってみよか。外食費とか飲み会代とかも、だいたい1回あたりの金額と回数からザックリで計算するんや。むずかしく考えることあらへん。

わかったよ。ザックリね、ザックリ……。

　僕はスケジュール帳を片手に、先月1カ月間の自分の行動と支出を振り返ってみた。

【支出】			
固定費	家賃		90,000
	水道光熱費		4,000
	携帯電話		10,000
	インターネット		3,000
	民間保険		8,000
	奨学金返済		13,000
変動費	食費		24,000
	飲み会	4,000×10回	40,000
	タクシー	3,000× 3回	9,000
	衣服・日用品等		9,000
	スマホゲーム		10,000
	その他雑費		10,000
		計	**230,000**

……できた。ホントにこんなのでいいのかな?

できたか? どれどれ……うん、上出来やな。で、自分でこの表見てみて、どう思う?

うーん、そうだなぁ。いちばん驚いたのは、**毎月の支出が手取り収入とちょうど同じ23万円くらいになってる**ってことだよね……。計算したかのようにピッタリだよ。こりゃ、お金が貯まらないはずだよね……。

第3章　家計を見える化せよ！　第11話

🧑 それと下の変動費のところでいくと、外食と飲み会に思いのほかお金を使ってるのがビックリしたね。前田との飲みなんか、いつも「安い安い」って言って得した気になってたけど、こうやって見たら月に4万円……、ということは年間だと……、**え？　48万円!?**　前田には申し訳ないけど、かなりもったいない気がしてきた……。

🐷 そう、そうなんや。1カ月分の支出をいっぺん紙に落としてみると、**1年でいくら使ってるかっちゅうところにも、意識が自然と向く**ようになるんや。今まで見えてなかったことが、一気に見えてきた気がするやろ？

　たしかにこれまでは、年間の飲み代にいくらかかっているかなんて、考えたこともなかった。1カ月あたりだとそこまで気にならない支出も、**年額にすると一気にインパクト大きく感じる**な……。

🐷 こうやってまとめてみると、いろんな気づきがあるやろ？今日、自分はサイフにぽっかり空いてる穴を見つけたようなもんや。

🧑 僕のサイフに空いてる穴……か。

🐷 そう。穴のある場所がわかれば、修理のしようがある。

でもどこに穴が空いてるかわからない、もしくは、穴が空いてることに気づいてすらいなかったら、<u>**その穴がふさがることは永久にない**</u>んよなぁ。

一生気づけなかったかもしれないサイフの穴……。本当に、知ってるか知っていないかで大違いのことばかりだ。僕の中の"当たり前"が、どんどん崩れていく。

 この表見て、何か他にも気づくことないやろか？

うーん、やっぱり、この**固定費**の部分を削ることができたら大きいよね。それだけで、<u>**毎月の支出を自動的に抑えることができる**</u>んだから。

せやな。「ムダなものを買わない」とか、細かい節約も大事っちゃ大事なんやけど、家計の検討をするときは**"固定費をいかに減らせるか"**はやっぱりキモやな。家賃もそうやし、保険料・通信費なんかもバカにならんからな。

たしかに携帯電話ひとつ取ってみても、切り替えがめんどうで、ずっと同じ大手キャリアのものを使っていたけれど、このあたりはもう少し手の入れようがありそうだな……。

最近は**格安SIM**なんてものもあるな。あの手の業者は

大手キャリアから回線枠を売ってもらって、それで商売してるんや。速度が制限されたりすることも一部あるみたいやけど、大手キャリアよりはまず間違いなく安くなる。毎月2,000〜3,000円くらいで収まることも多いで。

 えっ、そんなに安くなるんだ!?

 SIMフリーのスマートフォンも、最近は安くて高性能なモノも出てきてるからな。最新機種が出たらすぐ飛びつくんやなくて、自分の使い道と値段を比べて選ぶのがええな。写真なんかほとんど撮らんのに、ものすごい画質のいいカメラ内蔵しとってもしゃあないやろ？

たしかにそうだな……。僕が今使っているスマホも、前の機種に比べてカメラがものすごく進化しているらしいけど、ほとんど使ったことはない。**"宝の持ち腐れ"とは、まさにこのこと**なのかもしれないな。

 ありがとう、フゴー。ちょっといろいろと家計について考えてみる気になったよ。

フゴーは腕組みをしながら、ウンウンとうなずいている。

 あと、銀行やクレジットカードを登録しておくと、自動で

入出金情報を取り込んで、**出費を記録してくれる家計簿アプリなんかもある**。そういうのを活用するのもええと思うで。「Zaim」とか「Money Forward ME」とかいくつかあるから、ためしにどれか使ってみたらどうや？

　僕はさっそく家計簿アプリをインストールしてみた。レシートを撮影することで、家計簿を自動入力してくれる機能もついているようだ。なるほど、これならめんどうくさがりの僕でも、続けられるかもしれない。
　ちょうどそのとき、「お客さま、そろそろ閉店のお時間でございます……」と女将さんが控えめに言った。時刻はもう23時をまわっている。ずいぶんと長居してしまったようだ。
　「こちら本日のお会計です」と言われ、女将さんから受け取った領収証には、「4,800円也」と書いてある。

あれ、これって……。僕が前田と2人で飲みに行くときより、ずっと安いじゃないか！　チェーンの居酒屋は安くて、個人店は高いものだとばかり思っていたけれど、意外にそうとも限らないのか……。

なんや、目丸くして……。ここはたしかに良心的な店やけど、自分らはそもそも酒を飲みすぎやねん。いつもカパカパ飲んでるハイボールの原価、知ってるか？　1杯30円くらいのもんやで？　30円。店側からすれば、自

分らが"コスパ最高の客"やで、ホンマに……。

少し酔っ払い気味のフゴーはそう言い放つと、気持ちよさそうに揺れながら店を出た。

 さ、30円……!?

原価30円のハイボールを、390円払って幸せそうに飲んでいる僕と前田の姿が思い出される。
「やれやれ……」と深いため息をつきながら、フゴーの後に続いて店を出る。深夜の冷たい空気と静けさが、火照った顔に心地よく当たった。

POINT
- まずは1回、1カ月の支出を書き出し把握するのが重要
- 毎月決まった額の「固定費」：家賃・保険・携帯代・インターネット代など
- 毎月変わる「変動費」：食費・交際費・衣類・日用品・趣味への出費など
- 固定費を削ると、効率よく節約ができる
- 支出の把握には、家計簿アプリの活用が便利

いちばん大きな固定費
"家賃"

COLUMN **8**

"家賃"は**最もインパクトの大きい固定費**。「支出が多く、経済的に厳しいな……」と感じたら、まず真っ先に検討すべきコストです。

とはいえ、家に対して求めるものは、人によってさまざま。「最低限の機能さえあればいい」という人もいれば、「多少コストがかかっても、仕事の疲れを癒せる広い家に住みたい」という人もいます。したがって、「家賃は安ければ安いほどいい」「とにかく都心に住めばいい」と一概に言えるようなものではありません。では、どのようなポイントで検討していけばよいのでしょうか?

まずは、自分が家に何を求めるのかを書き出して、**優先順位をつけましょう**。「エリア／アクセス」「家賃」「広さ」「間取り／方角」「セキュリティ／サービス」など、物件選びにはいくつかのポイントがあります。その中で、自分にとって重要なものと、それほどでもないものを仕分けておけば、自分にとって過剰に高スペックな物件を選んでしまう可能性は減らせるはずです。

当たり前のことに聞こえるかもしれませんが、多くの人にとって、物件選びはそう頻繁にあるイベントではないため、営業担当のセールストークに乗せられるがまま、なんとなく借りてしまう人も意外と多いんですよね。

ソウタは**「運命的なもの」**を感じ、少し予算オーバーなが

ら今のマンションを選んでしまいました。しかし、ドラマチックに見せる演出やセールストークは、不動産業者の常套手段でもあります。皆さんも身に覚えがあるのではないかと思いますが、人間は"限定"とか"今だけ"という言葉に弱いです。彼らはどうすれば、予算より高い家賃の物件を選んでもらえるか、常日頃から研究しているのです。

家計を圧迫しないための家賃の基準として、**"手取り月収の30%以内"**というのもあります。

ソウタの場合は手取りが23万円ちょっとなので、9万円の物件だと少しコストが高く、お金が貯まりにくくなります。もちろん、「絶対に30%以内にしなければならない」というわけではありませんが、あくまで1つの目安として参考にしてみてください。

また、最近はネットでたくさんの賃貸情報を見ることができきますので、**候補エリアの物件の家賃相場を頭に入れてから内覧に臨む**ことも大事です。そうしておけば、営業マンが割高な部屋を提案してきたときも気づくことができますし、物件を比較して検討することもできますね。

部屋の広さを確保しつつなるべく家賃を下げるための具体的方法としては、ルームシェアという方法もあります。「部屋の面積と家賃は正比例するわけではない(=部屋の広さが2倍になっても、家賃が2倍になるわけではない)」ので、少し広めの部屋に友人と住んで家賃を頭割りにすれば、同じ広さの部屋に1人で住むよりも安くなります。家具や家電をシェア

したり、水道光熱費を割り勘にすることもできますので、お互いのストレスさえ溜まらなければかなり大きな節約効果を見込むことができるでしょう。

　また、いろいろ書いてみましたが、1つだけ間違いなく言えるのは、若いサラリーマンにとっていちばん**最強な物件は実家である**ということです（もちろん、会社と実家がある程度近いことが前提ですが……）。

　ソウタは社会人2年目のときに、千葉にある実家を出て、あこがれの一人暮らしを始めてしまいましたが、もし一人暮らしを始めたい理由が「なんとなく実家を出たいから」であるならば、もう少し我慢してお金を貯めてからにする方が、経済的には賢いです。

　「どこに住むか？」は、社会人全員に関係あるすごく重要なテーマでありながら、なかなかこれといった正解のない、むずかしい問題です。少なくとも、ソウタのように勢いで決めてしまわずに、じっくりと準備してから決めてみてください。

第12話

お金にお金を稼がせよ！

#資産運用　#株　#投資信託　#国債　#NISA

　翌日の日曜日。僕はもう1度、昨日の支出表を見返した。

　マンションはもうすぐ更新の時期だし、もう少し家賃の安いところに引っ越してもいいかもしれない。いい物件がないか、定期的に賃貸情報サイトをチェックするようにしよう。

　フゴーが言っていたスマホの格安SIMについてもネットで調べてみた。大手から回線を割り当ててもらってる分、混雑したときに通信速度が低下してしまう業者も中にはあるようだけど、そこさえ気をつければ、携帯代もだいぶ抑えることができるだろう。業者がたくさんあって選ぶのがやや大変だが、ネットで少し評判を調べてみればいいかな。乗り換えの手続きも、思ったよりむずかしくなさそうだ。

　そして、この支出の見直しの中で最も驚いたのは、スマホゲームに1カ月1万円以上も課金していたことだった。ちょっとした暇つぶしのつもりだったのに、こんなにもお金を使っていたなんて……。我ながら、愕然とした。こんなもの、別になくたって困りはしないはずなのに……。

　"呪縛"から解放された僕は、思い切ってゲームのアプリをアンインストールすることに決めた。見慣れたアイコンを長押しし、ゴミ箱アイコンのところへ持っていく。

193

ほんの数秒ののち、ゲームアプリのアイコンは消えてしまった。あれほどたくさんのお金と時間をつぎ込み、手塩にかけて育てたドラゴンたちは、一瞬でいなくなってしまった。ずいぶんあっけない別れ。でも、また１つ大きく前に進めたような気がして、心が少し軽くなった。

 よし……と、とりあえず、こんなとこかな。

　収支の見直しを受けて、毎月節約できるお金をメモにまとめてみた。
　飲み会の回数は、とりあえずは月２回くらいのマイナスにしておいた。ダイエットと同じで、「無理のない範囲でやっていかなければ続かない」とフゴーも言っていた。
　いろいろ検討した結果、来月から毎月４万円くらいは支出を削減することができそうだ。

民間保険の解約	8,000円
スマホを格安ＳＩＭに切り替え	5,000円（10,000円→5,000円）
スマホゲームの課金をやめる	10,000円
飲み会の回数を減らす	8,000円（4,000円×２回）
飲み会減によるタクシー代減	6,000円（3,000円×２回）
外食を自炊に切り替え	5,000円（500円×10回）

　　　　　　　　　　　計　42,000円

いやぁ……案外大きいな。4万2,000円といえば、僕の手取りの2割近く。**年間にすれば、50万円も削減できる**ことになるのか！　これはすごいぞ！

　思っていた以上の節約効果に、思わず息を飲む。昨日フゴーから教わった、"**12を掛け算して、年間の金額で考える**"クセもすっかりついてきた。

　1カ月分だけの支出を紙に書き出してみる。たったそれだけのことで、毎月4万円のお金が降って湧いたように現れたようなものだ。1年間で50万円、3年ならなんと、150万円にもなる！　ゆうべ、フゴーにおごった4,800円は、あっという間に元が取れちゃったな……。

お礼がてら、フゴーにも見てもらおう！

　フゴーの定位置となっている、勉強机の上の棚を見やる。
　フゴーは昨日、変身するのにエネルギーを使いすぎたか、あるいは日本酒を飲みすぎたのか、午前中は起きてくる気配を見せなかった。神様も二日酔いするものなんだろうか。昨日のフゴーは、そこまで酔っぱらってるようには見えなかったけどな……。

ねぇ、フゴー？　家計の見直し、あれから進めてみたんだけどさ、そしたら……。

寝ているときのフゴーは、陶器でできたただの貯金箱だ。

 おーい、フゴー。ちょっと寝すぎじゃない？？

棚の上に乗っていたフゴーを手に取り、上下に振りながら問いかけると、急にブルルと貯金箱が震える。

 わっ!

 ん……、なんや朝っぱらから騒々しいなぁ……。

 朝っぱらって言ったって、もう昼過ぎだよ。

 なんやて？　昼過ぎ？　ずいぶん寝すぎてしもうたな……。ワシとしたことが、アタタタタ……。

フゴーは「しまった」という顔で、頭をさする。

 ま、ええわ。そんで、聞きたいことってなんや？

 ああ……、うん。昨日の支出表を見ながら、自分で家計の見直しを進めてみたんだよ。そしたら、なんと、毎月4万円も支出を減らすことができそうなんだ!

僕は、ドヤ顔でフゴーに収支表を見せつける。

🐷 ふーん……なるほど。自分なりにいろいろと調べてみたいやん。やっぱり、ワシの教え方がよかったんやなぁ……。

そう言いながらフゴーは、うれしそうにチラチラと恩着せがましい視線を送ってくる。

🐷 ……で、この4万円。どうする気なんや？

😳 ……え？ 余ったお金はそのまま貯金していけばいいんじゃないかと思ったんだけど……。そしたら1年後には、いつもの口座に50万円近く残高が増えてるはずでしょ？

それを聞いて、フゴーはイヤイヤと首を振ってみせる。

🐷 お喜びのところ、申し上げにくいんやけどな。ズバリ言って、そんなんじゃ自分、**絶対にお金貯まらんで!**

😲 えっ!? どういうこと?? 毎月4万円の支出を削っても、お金が貯まらない!? そんなことって……。

🐷 いや、まあ見直しと計画を立てたのは立派やで。昨日

までの自分とは大違い、大成長や。でもな、自分はきっと**4万円の節約に成功したところで、浮いたその4万円を別のことに使ってしまう**のがオチや。たとえば、海外旅行とか、なんや大きな買い物とかな。

うっ……。

自分でも想像つくやろ？　そもそもなんのために"家計の見える化"をしたんや？　昨日の話を思い出してみ？

ええっと……、なんだったっけ……。そうだ、資本家に近づく、お金にお金を稼がせる……つまり、"投資"を始めてみようと思ってたんだった！

そうや。ゆうべ話をしたとおり、この資本主義の世界の攻略法の1つは、お金にお金を稼がせることや。ちょっとずつでもいいから、投資を覚えていこう。

じゃあ、今日の授業は**"投資"**だね！

まず、"投資"を考える上で、押さえておきたいキーワードは**"複利"**や。アインシュタインが"人類最大の発明"と呼んだのも、実はこの"複利"のことなんやで。

第3章
お金にお金を稼がせよ！ 第12話

 フクリ……、複数の「複」に、利子の「利」……？

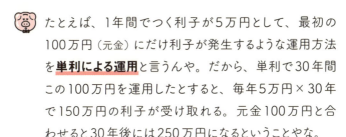 たとえば、1年間でつく利子が5万円として、最初の100万円（元金）にだけ利子が発生するような運用方法を**単利による運用**と言うんや。だから、単利で30年間この100万円を運用したとすると、毎年5万円×30年で150万円の利子が受け取れる。元金100万円と合わせると30年後には250万円になるということやな。

 うん。

じゃあ、この毎年の利子5万円を毎回受け取らず、その5万円も新たな投資に回していく。これを**複利による運用**と言うんやけど、これを繰り返したら30年後の総額はいくらになってると思う？

うーん、よくわかんないけど、さっきよりは少し増えそうだから、280万円とか……？

それが全然違うんやなぁ……。**答えはなんと、430万円！** 元金の4倍以上になり、単利で運用した場合と実に210万円もの差が出ることになるんや！

えっ！ そんなに!?

199

せやから、**投資の基本は"複利を活用すること"**や。儲かるとついその分使ってしまいたくなるんやけど、そこをグッとこらえて再投資に回すのが、賢い投資方法なんや。

なるほどね。たしかに、複利のチカラはよくわかったよ。でも、具体的に何に投資していけばいいわけ？

"投資"にはいろんな種類があるけど、自分みたいな初心者が少額からスタートするにはやっぱり金融資産への投資ってことになるな。不動産や事業への投資っていう選択肢もないわけじゃないけど、まとまったお金が必要やし、自分みたいな初心者にはハードル高いからな。

金融資産への投資、か……。どんなものがあるの？

これもいろんな種類あるから、1個ずつ説明していこな。ただ、まず言っておきたいことは、投資は貯金と違って一定のリスクがあるということや。お金が減ることもあるって話やな。せやから、誰かのアドバイスを聞いてもいいんやけど、**自分の目でも説明を見る、読む**。最終的には、自分の頭で判断して、**自分の責任で投資対象を選ばなアカン**のや。投資となると、大事なお金を簡単に見知らぬ人に預けてしまう人も案外多いんやけど、もしそれで失敗しても、誰のせいにもできひんからな。

わ、わかったよ。

じゃ、まずは、投資の代表格"**株**"や。なんとなく、値段が上がったり下がったりするものっていうのはわかると思うけど、そもそも株っちゅうのはな、**その会社が生み出す利益の一部をもらえる権利**のことなんや。株を持っている株主は、会社から利益の一部を"**配当金**"として還元してもらえるんや。株主優待なんてもんもあるけど、アレはその権利についてるオマケ、粗品みたいなもんやな。

でも、株と言えば、「安いときに買った株が高く売れて儲かった！」っていう話も聞くよね。アレは……？

そう、株はあくまでも配当金をもらえる権利のことなんやけど、この権利自体を**自由に売り買い**することができるんやな。その売り買いする場所のことを「**証券取引所**」と言い、会社の株が証券取引所で取引できるようになることを「**上場**」って言うんや。それぞれの株の値段は証券取引所が決めてるわけやなくて、**売る人と買う人の合意で決まる**んや。だから**株価は、買いたい人が多ければ値段は上がるし、逆に、売りたい人が多ければ値段は下がる**わけやな。

なるほど、みんなが欲しがる会社の株は株価が高くな

るってことか。

そういうことやな。A社にとっていい情報が発表されると、A社の株が欲しい人がどっと増えるから株価が上がる。このときA社の株をもともと持っていた人は買いたい人に株を売って、利益を出すことができるわけや。この買ったときと売ったときの価格差による儲けを**「キャピタルゲイン」**って言うんや。ちなみに、さっきの株の配当金で得る収入のことは**「インカムゲイン」**と言うんや。

「キャピタルゲイン」と「インカムゲイン」ね。

そうや。投資にはいろいろ種類あるけど、他の投資でも、基本は**このどちらかの儲け方しかない**。これは投資の基本的な考え方やから覚えとってな!

なるほどね。投資って、正体不明のギャンブルみたいなものだと思ってたけど、少しスッキリしたよ。

ただな、1つの会社の業績なんて何が起こるかわからん。1回の不祥事で株価ガタ落ち! みたいな話もよく聞くやろ? プロのトレーダーがあらゆるアンテナを駆使しても読めないっちゅうむずかしさと怖さが、株にはあるんや。

202

たしかにね……、買ったときよりも株価が下がったら、その分損することになるんだもんね。

そうや。値上がりする株の銘柄を見極めるためには、専門的な知識や情報収集が大事になってくるから、**初心者にはちと敷居が高い**。「株が楽しい」と思える人じゃないと、オススメできない気はするな。好きな企業を応援するために株を買ったり、優待目当てで持つのはええけどな。

じゃあ、僕みたいな初心者がやるとしたら……？

うむ。そこで紹介したいのが、**"投資信託"** や。投資信託っちゅうのは文字のとおり、「投資を信じて託す」ってことなんやけどな。これは、自分の代わりに銘柄を選んで**投資してくれるプロ（ファンド）を選び、そこにお金を預ける**という投資方法。ようするに、銘柄の選定や売買を委託しているわけやな。複数銘柄を運用してくれるプロにお金を託すことで、まとめていろんな銘柄に投資ができ、リスクを分散できるというメリットがある。

そうなると、そのプロである投資ファンドをどうやって選ぶかが大事になってくるね。

そうやな。その投資ファンドのこれまでの実績や、どういう銘柄を買ってるのかといった情報が大事になってくる。これは**「目論見書」**っていうパンフレットみたいなもんに書いてあるけど、最近は目論見書まで見なくても、証券会社がくわしい情報をまとめてくれていたりするな。あと、**投資信託のファンド選びで大事なのはコスト**や。

 コスト？ 投資信託にはお金がかかるのか!?

 自分の代わりに投資してもらうわけやから、手数料が発生するんや。購入するときの手数料、あとは、信託報酬や運用管理費と言って、運用してるときの報酬も払わなアカンし、解約する際にお金がかかることがある。**手数料が高かったら、運用成績がよくても手元に入るお金が少なくなるから、気をつけなアカン**。昔から、手数料が高い銘柄を巧みに売りつけてくる金融機関もおるからな。

 手数料でマイナスになっちゃ、本末転倒だね……。

 そういうこっちゃ。最近は**"ノーロード"**と言って、購入時に手数料がかからないものが当たり前になってきてるけどな。信託報酬も**1%未満と低水準のものが増えた**。あと、投資信託の魅力は**インデックス投資**ができることやな。

インデックス投資?

 そう、たとえば日経平均って言うのは、日本を代表する主要225社の株価をまとめた指数なんやけど、そういう指数に連動するように運用されている投資信託があって、これを**株価指数インデックスファンド**と言うんや。個人で225社全部の株を買ってたら大変やけど、このインデックスファンドを買えば、**少額で日本というマーケットまるごとに投資できる**。こういうインデックスファンドは、日本に限らずいろんな国の銘柄があるから、自分が伸びると思った国のインデックスファンドを買うことで、手軽に海外に投資することもできるんや。

 投資信託にも、いろいろ種類があるんだね。

 そしてな、この株価指数インデックスファンド、特に米国株のものを長期で積み立てるのが、資産形成の王道と言われていたりもする。

 へえ……どうして?

 細かい局面で上下することはあるものの、こんな感じでインデックスファンドは、長期的には右肩上がりのトレンドになり、その中でもアメリカの株価は特に安定的に上がって

いるからや。あとインデックスファンドは手数料が安いので、せっかく得た利益を食いつぶしにくいというのもある。

あと、王道と言えば、**"ドルコスト平均法"**も覚えておきたいな。これは、投資する金額を決めておいて、定期的に決まった銘柄を買っていく投資方法や。たとえば毎月3万円をインデックスファンドに投資すると決めておく。すると1口1万円のときは3口買えるけど、株の値段が上がって1口3万円になったときは1口だけ買うことになる。これによって、誰でも簡単に、**安いときに数多く、高いときに少なく買う**ということが可能になるんや。毎月〇株とか〇口みたいに、数量を決めるんじゃなくて〇

円分って**金額を決めるのがミソ**やからな。

何も考えなくても、効率的に買っていくことができるんだね。

そういうことや。株価指数インデックスファンドの定額購入は、何も考えずにほったらかしで投資できるから、初心者にオススメというわけやな。ただ、個人的には、少しくらいは新しい知識を勉強した方がいいと思うから、ほったらかしだけでなくて、他の銘柄も少しは購入した方がいいと思うな。**ほったらかしじゃ、投資家として進歩がないやろ?**

資本家への道のりは、なかなか遠そうだな……。

そのほかの投資には、"FX"っていうのもあるな。

なんか聞いたことがある気がする。

FXは、正式名称を"外国為替証拠金取引"って言うんやけどな。**ぶっちゃけこれはあまりオススメしない**。要注意枠や。

え? そうなの?

🐷 FXは、ドルとかの外国為替の取引を行って、主に短期の売買で**キャピタルゲイン**を狙いに行く投資なんやけど、証拠金というものを入れることで、**その証拠金の何倍もの取引ができるようになる**のが特徴やな。たとえば1万円の証拠金を入れたとすると、25万円分の取引ができるようになったりする。

🧑 へぇ……25倍って、スゴいな。

🐷 たとえば、4万円の証拠金を入れれば、1ドル100円で1万ドル購入できたりするわけやな。そしてそれを、1ドル101円になったタイミングで売れば、差額の1円×1万ドル＝1万円が利益になる、というわけや。

🧑 すごい！ レートは1円しか動いてないのに、1万円も儲けになるのか！ めちゃくちゃ夢があるじゃないか！

🐷 まあな。儲かるときはいいんやけどな……。逆に1ドル99円になってしもうたら、一気にマイナス1万円やろ? このマイナスを補填するのに証拠金が充てられ、そのうち**最初の4万円もあっという間に消し飛んでしまう**ことがある。レートがさらに悪くなっても売らずに持ち続けると、追加で証拠金を入れる必要も出てくる……。「いつか戻るはず」と信じて、多額の証拠金を突っ込んだまま

お金にお金を稼がせよ！　第12話

散っていった人たちが、過去にはたくさんおるな……。

こわっ……なんだかギャンブルみたいだね……。

せやな。**FXはいとも簡単に大金が溶けてしまう**から、いろんな知識がつくまでは手を出さない方が無難や。

うん……僕はやめておくよ。

それ以外だと、**"国債"**ってのもある。国債は国の債券、つまり国の借金のことで、"国債を買う"とは、国にお金を貸して、何年後かに利息をつけて返してもらうちゅうことなんや。

国の借金？　よくニュースで日本は予算が足りなくて毎年借金が膨らんでるみたいなヤツ??

そうや。今、日本が発行してる国債の残高は900兆円近くあると言われている。

900兆円!?　それってヤバくない!?

そうやって、借金の額だけ見て「財政破綻する!」って言う人もけっこうおるんやけどな。日本政府はそれとほ

209

ぼ同じだけの資産も持ってるし、このお金を誰から借り
てるかと言うと、9割以上が日本銀行と国内金融機関、
あと国民、つまりほとんどを**身内から借りてる**んやな。
自分がオカンから借りてるようなもんや。

たしかに、身内ならサラ金から借金するのとはわけが違うね。

国債は借金やから、返してもらうときに利子がつく。10
年預けたときの金利が0.1％くらいやから、銀行の定期
預金よりはずっと高い。そのうえ、国債には元本割れの
リスクがない。国債が元本割れするときっちゅうのは日
本経済が破綻するときやからな。そんときは国債だけ
じゃなくて、国中えらいことになる。

なるほど。投資というより、絶対にお金は減らしたくな
い場合には、国債という選択肢もあるわけだね。

そういうことやな！　ここまで出てきた商品をリスク順にま
とめると大体こんな感じやな。

国債＜＜＜投資信託＜株＜＜＜FX

リターンについては、国債は利率が決まってるけど、株
や投資信託は銘柄や運用方法によってまちまちや。せ

やから、最初のうちは、いくつかの投資信託や株の銘柄を買ってみて、値動きを勉強してみるとええ。投資の世界に**"絶対儲かる"商品っちゅうのはありえへん**からな。結局、少しずつ自分で勉強していって自分の頭で考えるしかないんや。

 なるほどね。少しずつだけど、勉強を始めてみるよ。

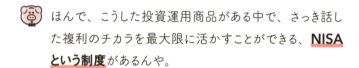 ほんで、こうした投資運用商品がある中で、さっき話した複利のチカラを最大限に活かすことができる、**NISAという制度**があるんや。

 ……ニーサ？

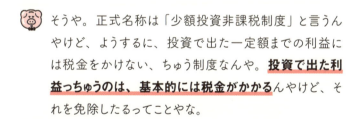 そうや。正式名称は「少額投資非課税制度」と言うんやけど、ようするに、投資で出た一定額までの利益には税金をかけない、ちゅう制度なんや。**投資で出た利益っちゅうのは、基本的には税金がかかる**んやけど、それを免除したるってことやな。

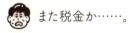 また税金か……。

そうや。国は基本的に個人の利益にはすべて課税してくるスタンスやからな。でもこのNISAという制度を使うと、

一定額まで税金がかからないんや。だから、さっきの複利のチカラをフルに受けながら、投資ができる。せっかく増えた分のお金に税金がかかると、その分、複利パワーは削られてしまうからな。

そんなありがたい制度なら、使わないと損だね。

そういうこっちゃ。NISAには、通常の**"NISA"**と**"つみたてNISA"**の2種類がある。通常のNISAはいろんな投資商品に対応してるから、いろいろ試してみたいんやったら、ただのNISAやし、あまりいろいろ考えずインデックス投資などの積み立て投資をしたいならつみたてNISAや。つみたてNISAは**金融庁がオススメの優良な投資信託がそろってる**から、変な商品をつかむ心配もなく、初心者にはオススメや。

なるほどね……！　僕は将来的にはいろいろな商品を試してみたいから、普通のNISAにしておこうかな。とりあえずNISA口座の開設の準備をして、まずは投資信託と、なじみのある会社の株を見てみることにするよ。

　僕はさっそくスマホから、証券口座のNISA口座開設申し込みを行った。ついでに証券会社のサイトを物色して、いくつかの株や投資信託の情報を検索してみる。なんだか投資

家への第1歩を踏み出しているようで、ワクワクする。

 なんか情報量が多いけど、宝探しに似たような感覚を覚えるね。ね、フゴー。あれ……？　フゴー……？

　フゴーはいつのまにか貯金箱に戻っていた。話しかけても反応がないので手に取って触ってみると、起きているときにはあるはずの温かさが感じられない。フゴーがこの"スリープモード"になるのは、いつも2～3時間の大演説が終わってからなので、こんなにも早いタイミングで寝てしまうのは珍しい。どこか調子でも悪いのだろうか……。

 まあいっか……フゴーが目覚めたら聞いてみよう……。

　そう思って息抜きがてらにスマホを手に取ると、ちょうど黒木さんからのメッセージが届いた。

> 昨日はありがとう！　いっぱい話ができて楽しかったよ！投資のことも、何かわからないことがあったらぜひ聞いてね＾＾

　昨日のランチデートは、ほとんど黒木さんの話にウンウンうなずいているだけだったけど、久しぶりにいつもと違う充実した時間を過ごすことができたように思う。

そういえば、黒木さんが話していた"投資"って、いったいどんなものだろうか……？　今日、フゴーに教えてもらったような、"株"とか"投資信託"なのか、それとも"不動産"や"ビジネス"……？「仕事を辞めようかな」と言っていたくらいだから、きっとかなりの上級者なんだろうな……。

昨日の時点では、自分には投資なんてこれっぽっちも関係ないと思っていたけれど、無事に証券口座の申し込みもしたことだし、これで晴れて投資家の仲間入りを果たしたと言えるだろう。

そして、何よりも、投資のことを口実にすればまた黒木さんと会うことができる！　次、会う時は同じ投資家として、どんなトークテーマで話が弾むのだろうか。インカムゲインかな、それともキャピタルゲインかな……。

> こちらこそ、昨日はどうもありがとう。
> やっぱり、投資の話、ちょっと興味ある！
> よかったら、昨日言っていた先生の話も聞いてみたいな。

下心を感づかれぬよう細心の注意を払って、僕は敬愛する先輩投資家にメッセージを送り返した。

POINT
- 投資をするなら、"複利運用"が基本
- 投資の利益にはインカムゲインとキャピタルゲインの2種

類がある

- **株式投資**：配当として、会社の生み出す利益の一部をもらえる権利を買う。市場で自由に売買できる

- **投資信託**：自分の代わりに投資をしてくれるファンドへ投資を委託する。信託報酬など、運用するための手数料がかかる

- **インデックス投資**：株価指数連動ファンドへの積み立てで行う投資。ほったらかしでも投資ができるため、あまり手間をかけたくない人にオススメ

- **ドルコスト平均法**：定期的に定額の積み立てを行っていく投資手法。安いときに多く、高いときに少なく買うことができ、効率的な投資ができる

- **国債**：国が発行する債券。購入すると、その分の利子を受け取ることができ、銀行預金よりはお得

- **FX**：外国為替証拠金取引。リスクが高く上級者向け

- **NISA**：少額投資非課税制度。申し込むと専用の口座ができ、この口座内の取引で得られた利益は上限額・期間中は非課税。株をはじめ、さまざまな投資商品を購入できる

- **つみたてNISA**：NISAより長期積み立てに適している。商品は金融庁が選定の投資信託のみ。株式投資などはできない。普通のNISAとつみたてNISAの、どちらか片方の口座しかつくることはできない

貯金が苦手な人こそ活用したい "財形貯蓄"

COLUMN 9

　今回のお話の序盤で、ソウタが毎月4万円の支出を減らす節約計画を立てました。ただ、計画を立ててはみたものの、ついついお金を使ってしまう性格で思うように節約ができないという人も少なくないのではないかと思います。

　これはあなたが特別お金にだらしないというわけではなく、**「支出の金額は、収入の金額に達するまで膨張する」**という「パーキンソンの法則」として一般化されていたりもします。

　お金に限らず、たとえば今までより一回り大きな冷蔵庫を買ったはずなのに、いつの間にかパンパンになっている……なんていうのもパーキンソンの法則によるものです。

　したがって、あまった4万円を貯めようとするのではなく、給料をもらう前に4万円をあらかじめ抜いてしまう、つまり**"自分で源泉徴収"**をしてしまうのが、いちばん確実な貯金の方法です。

　そんなときに役に立つのが、会社の福利厚生制度の1つである**財形貯蓄**です。

　これは、会社があなたに支払う給料のうち一定金額をあらかじめ天引きしてくれ、自分の貯蓄用口座に毎月入金してくれるしくみです。すべての会社が導入しているわけではないのですが、社員の資産形成を手助けするしくみとして用意してくれている会社は多いと思います。

　財形貯蓄には、一般財形、財形年金、財形住宅の3種

COLUMN 9 第3章

類があります。

　一般財形：普通の貯金。特に用途は定められていない
　財形年金：自分の年金用の貯金。60歳まで引き出せない
などの制約がある
　財形住宅：住宅を購入する費用を貯めるための貯金

　財形年金と財形住宅はそれぞれ用途が限定されていますが、これはこの用途を守った場合は利息分の税金が非課税になるというしくみです。したがって、財形住宅として積み立てておいたお金をそれ以外の用途で引き出す場合には、利息分が課税対象になりますが、引き出せないということではありません。

　また、財形貯蓄は福利厚生としての色合いが強いため、銀行に預金するよりも金利条件がよかったり、**会社独自の補給金などを設定**しているケースもあります。

　これまでなんとなく銀行に預金してしまっていた人や、**自分の意志で貯金するのは苦手**という人は、ぜひ財形貯蓄の制度活用を考えてみてください。

NISAとiDeCoって
なんだろう？

COLUMN **10**

　投資初心者の方が、資産運用を検討するときに突如として現れる単語に「NISA」と「iDeCo」があります。実はこの2つ、投資商品の固有名詞ではなく、制度の名前なんですね。

　ストーリーの中でも「NISA」は登場してきましたが、ここでは「NISA」と「iDeCo」の違いについてもう少しくわしくお話ししたいと思います。

　サラリーマンの方にとっては、数少ない**"節税"**にもつながる話ですので、この2つの制度はぜひ理解しておいてほしいと思います。

　それぞれの制度の解説を始める前に、まずは投資で運用する商品を持っている場合にかかる税金から説明しなくてはなりません。**税金は利益にかかる**、というのはフゴーが以前説明してくれたとおりですが、この国では一部の例外を除き、経済的活動をして出た利益に決められた税金がかかってくるわけです。

　運用商品を保有することによって得られる利益には、2種類あります。本文中にも登場した**「インカムゲイン」**と**「キャピタルゲイン」**です。それぞれ「利子や配当による利益」と「値上がりによる利益」と理解しておいてもらえればいいと思います。

COLUMN 10

　まず、インカムゲインは**持っているだけで手元に入ってくるお金**のことです。一方、キャピタルゲインは、**購入時の価格と売却時の価格の差額、いわゆる値上がり益**のことを言います。ですから、もし1株200円の株を買って10円の配当を得た後に、その株が500円で売れたというケース。この場合、10円のインカムゲイン（配当）と500－200＝300円のキャピタルゲイン（株の値上がりによる利益）を得た、というような考え方をします。

　そして、この2種類の利益には通常ですと、それぞれ20.315％の税金がかかるようになっています。

　NISA・iDeCoともに、これらの利益に税金がかからなくなる制度であることは共通ですが、その中身は大きく異なります。では、くわしく見ていきましょう。

NISA（Nippon Individual Saving Account）

　NISAは「ニーサ」と読み、日本語でいうと「少額投資非課税制度」と言います。一般に、NISAというのはこの制度自体のこと、もしくはこの制度にしたがって運用される投資商品全般のことを言います。

　まず、NISAができた背景を少しだけお話ししましょう。日本は昔から、投資よりも貯蓄の方が好まれる傾向にあり、莫大な資産がタンス貯金・銀行預金として眠っています。しかし、せっかくのお金が銀行やタンスの中に眠っていては、そのお金を社会に回して経済を活性化させることができません。

そこで、**眠っているお金を株式投資などにシフトさせ経済成長を促そう**と金融庁によって考えられたのが、このNISAです。運用益に税金がかからないのであれば、どんどん投資にお金を回してくれると思ったわけですね。

しかしさすがに無制限で非課税にするわけにはいかないので、非課税となる金額に上限を設けて、あくまでも少額投資用の制度、ってことになっています。決まった期間と金額の枠内であれば、**インカムゲイン・キャピタルゲインともに課税されることはありません。**

NISAの中には普通の「NISA」と「つみたてNISA」の2種類があり、どちらかを選択して加入することになります。つまりどちらか一方しかつくれません。

「NISA」と「つみたてNISA」の大きな違いは、非課税になる期間・金額と取扱商品です。

NISAは120万円×5年間＝600万円、つみたてNISAは40万円×20年＝800万円が非課税になります。つみたてNISAは名前のとおり、より長期のコツコツ積立を支援しているんですね。

NISAは株を取り扱うことができますが、つみたてNISAは投資信託のみです。また、つみたてNISAで購入できる投資信託は、金融庁が厳しい基準で選定したファンドのみです。したがって、「つみたてNISA」なら大きく商品選びを失敗することはないでしょう（普通のNISAではどんな銘柄も自由に選べるので高リスク・高コストな商品もたくさん存在します）。

COLUMN 10

「NISA」と「つみたてNISA」にはそれぞれの特徴があるので、どちらを選ぶかは個人の好みや目的によります。

「100万円ほどのまとまったお金を投資したい」「毎月4万円以上投資したい」「いろいろな種類の商品に投資してみたい」「外国の株をやりたい」という場合には**NISA**になりますし、「あまり投資には興味はないが、銀行で貯金するよりは増やしたい」「変な商品に引っかかりたくない」という人は**つみたてNISA**になるかと思います。

NISA・つみたてNISAで貯蓄しながら非課税メリットを受け、まとまった金額になったところで別の運用方法を考えるといった使い方も可能です。お子さんの学資や結婚に伴う援助など、ある程度の金額が必要になる時期がわかっている場合など、目的に応じた使い方をするのがいいでしょう。

iDeCo（個人型確定拠出年金、Individual Defined Contribution Plan）

iDeCo（イデコ）とは、超かんたんに言ってしまうと、**「自分でお金を出して、自分で運用する年金」**です。

似た制度に、企業が掛け金を出して退職金や退職年金などを運用する「企業型確定拠出年金」というものがありましたが、自助努力での老後の備えを促すという近年の政府の狙いもあり、「個人型」タイプのiDeCoも誰でも自由に加入できるようになりました。

NISA同様、運用中のインカムゲイン・キャピタルゲインが

非課税になります。しかしなんといっても、iDeCoの最大のメリットは、**掛け金が全額所得控除**になる、ということです。年金や健康保険などの社会保険料は所得控除（課税所得を計算する前に、差し引いてもらうことができる金額）の対象になりますが、この iDeCo の掛け金は、全額を小規模企業共済等掛金控除の計算に入れることができます。

　公務員・サラリーマンの方であれば、毎月2万円ほどの掛け金を積み立てることができます。所得税率20％で住民税10％の方が毎月2万円を積み立てるとすると、単純計算で1年間で約7.2万円の税金が減ることになります。**他の資産運用では掛け金まるまる控除になるといったものはありません**ので、iDeCoの**節税効果は非常に大きい**です。この掛金控除に加え、運用中のインカムゲイン・キャピタルゲインについてももちろん非課税になりますのでかなり優遇されています。

　ただし、そんないいことづくめに見える iDeCo にもいくつか注意点があります。それは、老後の資産形成が目的の制度であるため、**何があっても60歳までは下ろせない**という点です。これにはかなり強力な縛りがあって、たとえば、会社を辞めたくらいでは、iDeCo に預けたお金を引き出すことはできません。僕は会社員を辞めて自分でビジネスを始めたわけですが、銀行からの融資を申し込むほど資金が欲しいのに、自分のiDeCoの口座に入っているお金には一切手をつけられない、というもどかしさを現在進行形で感じています。

　したがって、**将来的に独立したり、ビジネスをしたいと思っ**

ている方や、老後の資金より今使えるお金の方が大事だ、と思われる方には、iDeCoはあまりオススメできないということになります。

　一方で、ずっと会社勤めを続けるつもりで、毎月のやりくりに余裕のある方で、老後の資産形成を検討している方にとっては、iDeCoは第一の選択肢になりえます。民間の個人年金保険に加入するよりはずっとよいでしょう。

　加えて、iDeCoは月々最低でも170円程度のランニングコストがかかります。特に「運営管理手数料」という項目は、各証券会社が受領する手数料で、会社によってかなり幅があります。また購入できる商品のラインナップも各金融機関によって違い、運用にかかるコスト（信託報酬）も変わってきますので、どの金融機関のものを選ぶかは注意してください。

　iDeCoは60歳以降に、一時金もしくは年金（分割）として受け取ることができますが、その際に、退職所得や年金所得とみなされます。そのため、一時金で受け取る場合は、会社からもらえる退職金と、年金で受け取る場合は公的年金との受け取り額と合わせて、税金を計算することになります。したがって、退職金がある会社にお勤めのサラリーマンの方は、受け取り時に課税されてしまう可能性が高いのですが、なるべく控除枠を使い切るように一時金と年金を分けたり、会社の退職金とiDeCoを受け取る年をズラしたりすることで、税金をコントロールすることも可能です。少し複雑ですが、興味がある方は受け取り時の税金についても調べて

みてください。

　いずれにしても、受け取り時の課税よりも積み立て運用中の節税メリットが大きくなることがほとんどのため、そこまで心配することはないと思います。

　僕のオススメは楽天証券もしくはSBI証券です。この２社は先ほど説明した運営管理手数料も無料ですし、運用コストも安い商品ラインナップをそろえています。

　iDeCoの情報収集には、国民年金基金連合会の運営する「iDeCo公式サイト」がオススメです。

iDeCo公式サイト：www.ideco-koushiki.jp

第13話

押さえておきたい
ふるさと納税

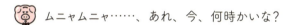

その日、次にフゴーが起きてきたのは、すっかり日も沈んだ夜20時頃のことだった。

🐷 ムニャムニャ……、あれ、今、何時かいな？

👦 もう夜の8時だよ。今日は起きてくるのも遅かったのに、昼にいきなりスリープモードに入っちゃって……、どうしちゃったのさ？ フゴー、最近なんだか変だよ？

するとフゴーは、何やら神妙な顔つきで「そうか」とつぶやき、口を開いた。

🐷 実はな……、言っておかなあかんことがあるんや……。

👦 え？ 言っておかないといけないこと？

🐷 ソウタ……、実はな、ワシ、お別れの時間が近づいとるんや。もう、そう長くは自分と一緒におられへんと思う。

225

🧒 えっ？　どういうこと……？

フゴーは前足を組みながら、残念そうに首を振る。

🐷 この貯金箱の体は、かりそめの姿でな。ずっとこの体に留まってることはできないんや。ようするに期間限定やな。まあ、思ってたよりは早かった気がするけどな……。

🧒 そんなあ！　これからもずっと、フゴーが僕にお金や社会のことを教えてくれるものだと思っていたのに……。

🐷 "帰らな"あかんのが、いつになるのかは、正直ワシにもようわからんのやけどな……。まあ、残された時間で、ワシに教えられるだけのことは教えようと思うわ。

🧒 ……わかった、心して聞くよ！

🐷 ほな今日は、サラリーマンにとってはいちばん手軽に使える節税策、**"ふるさと納税"**について話をしような。これを伝えなければ、ワシも帰るに帰られへんからな。

🧒 "ふるさと納税"って、テレビのCMとかでもよく流れてた気がするな。名前だけは聞いたことあるよ。

押さえておきたいふるさと納税　第3章 第13話

🐷 "ふるさと納税"は2008年にスタートしたしくみでな。誰でもトクできる制度やから、使わん手はないで。

😮 へぇ……、そもそもどういうしくみなの？

🐷 超ざっくり言ってしまうと、**2,000円でいろんな地域の特産品がもらえる**制度や。実際には、たとえばいったん3万円を寄付として地方自治体に払うと、後で28,000円分の税金が安くなり、実質負担が2,000円になるっちゅうしくみなんやけどな。

😮 え？　2,000円ポッキリ？　"ふるさと"って言うからには、実家のあるところだけにできるんじゃないの？

🐷 まぁ落ち着き。1個ずつ答えていこな。まず、このふるさと納税は、**全国どこの自治体に対してもできる**んや。

😮 "ふるさと"って名前ついてるけど、どこの自治体にもできる……。なんか、まどろっこしい名前だね。

　ということは、北海道生まれじゃなくても北海道にふるさと納税して、カニとかイクラみたいな北海道の特産品をもらうことができるのか……。色とりどりの海の幸を頭に思い浮かべているうちに、なんだかおなかが空いてくる。

227

でも、そもそもなんで、地方の自治体に税金を納めたらカニやらイクラやらお礼の品がもらえるわけ？

モノで返してもらえる税金なんて、聞いたことないぞ？

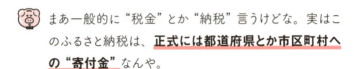まあ一般的に"税金"とか"納税"言うけどな。実はこのふるさと納税は、**正式には都道府県とか市区町村への"寄付金"**なんや。

え？ 寄付金？ 税金じゃなく？

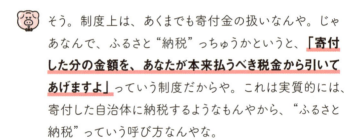そう。制度上は、あくまでも寄付金の扱いなんや。じゃあなんで、ふるさと"納税"っちゅうかというと、**「寄付した分の金額を、あなたが本来払うべき税金から引いてあげますよ」**っていう制度だからや。これは実質的には、寄付した自治体に納税するようなもんやから、"ふるさと納税"っていう呼び方なんやな。

へえ……、やっぱりなんだかまどろっこしいなぁ……。

日本人って、昔からあえてややこしい仕組みつくるの好きやからな。特に税金まわりでは、それが顕著（けんちょ）や。ちなみに、ふるさと納税した後に、各自治体からもらう書類も「寄附金受領証明書」っていうんやで。

へえ。あくまでも寄付金なんだね。

本来、"ふるさと納税"は、住んでる地域だけでなく、自分の生まれ故郷とか、お世話になった地域に貢献したいという思いを反映するためにできたしくみなんや。ただ、いつしかいくつかの自治体が、その**寄付金を受け取ったお返しにお礼の品"返礼品"を送り返すようになった**。あくまでも、自主的にやけどな。せやから、この"返礼品"いうんは当初は制度の想定になかったものなんやけど……、気づけば、この返礼品を多くの自治体が取り入れて、今ではすっかり**"いい返礼品を受け取ること"が、利用者のメインの目的**に変わってしまったんやなぁ。

そういうことだったのか……。いいんだか、悪いんだか、よくわからないな。

制度の趣旨としては、いろんな意見があるけどな。制度として使うことが合法的に認められている以上、これを使わん手はないで。**どうせ払うはずの税金を先に払って返礼品をもらう、言ってしまえばタダ**みたいなもんやんか。ちゅうわけで"ふるさと納税"は、自分みたいな**サラリーマンができる数少ない節税対策の1つ**なんや。

そうか。本来払うべき税金を別の自治体に納めたら、お

礼の品がもらえる……。**いつもの税金の支払い先を変えるだけでプレゼントがもらえる**んだから、そりゃあ、誰でもそっちに払うようになるよな……。どう考えても得でしかない。

🧒 聞けば聞くほど得することしかないね。余裕ができた分のお金、全部ふるさと納税に突っ込もうかな……！

🐷 そうやなぁ。ただ残念なことに、ふるさと納税で控除される税金には、**それぞれの所得によって上限額がある**んや。自分みたいにすべての税金をふるさと納税にツッコむヤツが出てきたら、魅力的な返礼品がある自治体にばっかり税金が集まってしまうやろ？

🧒 なんだ……せっかく美味しいものがたくさん食べられると思ったのに……。じゃあ僕は、いくらまでならふるさと納税できるのかな？

🐷 自分の給料だと、だいたい年間５万円くらいまでやろな。家族がいるかどうか、とか**個々人の状況で上限額は違う**から、ふるさと納税の専用サイトでシミュレーションしてみるのがいちばんええわ。シミュレーションは総務省のサイトでもできるし、それぞれのふるさと納税のポータルサイトでもできるで。

給与収入とふるさと納税できる金額の目安（独身の場合）

給与収入	全額控除されるふるさと納税額の目安
300万円	28,000円
400万円	42,000円
500万円	61,000円
600万円	77,000円
700万円	108,000円
800万円	129,000円
900万円	151,000円

（総務省「ふるさと納税ポータルサイト」より抜粋）

僕はさっそくふるさと納税のサイトを見てみることにした。シミュレーションもかんたんに見つけることができた。

なるほど、この上限額までの中で、好きなものを選べばいいのか。どれどれ……、いろいろあるなぁ、米なんかもあるんだ。2万円で新米20kg??……こんなにもらえるのか……。

そうやな。カニとかイクラみたいな普段食べられないような豪勢なものを頼むのもいいけど、**米などの食料や生活必需品を選ぶと家計に直結する**からな。自分みたいに、これからに向けて、お金を貯めようとしている人間にはそっちの方がいいかもしれんな。

ふるさと納税がいいことづくめなのはわかったんだけどさ、デメリットはホントに何もないの?

デメリットと言うと、手数料みたいなかんじで自己負担金が1年あたり2,000円かかるのと、**後で手続きが必要になる**ってことくらいやな。まあ、この手続きをカンタンにするためにつくられた"ワンストップ特例制度"ってのもあるし、**"確定申告"もそんなにむずかしくない**で。

自営業の人が毎年やってる"確定申告"か。

そうや。確定申告も、一度自分でやってみると、これまたいろんな"気づき"があるで。ワシは、自分みたいな**サラリーマンこそ、確定申告やってみたらええ**と思うな。パソコンで書類つくって郵送するだけやから、**思ってるほどむずかしくない**んやで。

えっ? 確定申告って、専用のソフト使ったり、税理士さんに頼んで、やるものじゃないの?

いやいや、確定申告は個人でもカンタンにできるんやで? 国税庁のホームページには**"確定申告書作成コーナー"**ちゅうのがあってな、もちろん無料で申告書がつくれる。1回覚えてしまえば、なんてことないで。

そうなんだ。なんとなく手続きがむずかしそうなイメージがあったけど、そうでもないんだね。

そう、全然たいしたことないし、わざわざ税理士とかに依頼するような内容じゃないと思うで。でもな、こんなにお得でカンタンなふるさと納税も、**納税してる人の中でもわずか20%弱の人しか利用してない**んや。

え？ どうして？ こんなに得な制度なのに……。

ワハハハ。30分前の自分に同じ質問したら、なんて答えてるやろな？

……あ。

そう。みんな、まだまだこの制度のこと知らないんやな。誰も教えてくれないし、ぱっと見ややこしそうやし。テレビのCMとかで流れてても、だいたいの人間は**「なんか得するらしいけど、むずかしそうだし、よくわかんない」**こんな感じとちゃうかなあ。もったいない話やけど。

それはまさに30分前の自分の姿そのものだった。

でも逆に言えば、**アンテナ感度の高い人間は残りの8**

割の人よりも美味しい思いができるわけやな。この社会には、案外こういう情報があふれとるもんや。知ってるか知らないかだけで、得したり損したりするような情報がな。

うーん……。僕は思わず、考え込んでしまう。

都合のいいことも悪いことも、ぜんぶ隠されとる、とまでは言わんけど、普通に生きてる中ではなかなかいろんな情報には意識がいかないもんや。だから、**何よりも大事なことは、"気づき"**やな。映画のネタバレなんかと一緒で、1回知ってしまったらもう知る前には戻れない。そんな情報が世界にはあふれとる……。自分もだんだんとわかってきたんとちゃう?

フゴーはそう言って目をこすりながら、棚の上の定位置に戻っていく。

眠くてかなわんから、ワシはもうそろそろ寝るわ。ふるさと納税の返礼品どれにしたか、また明日教えてな。そういえば、日本にはお酒が特産の地域もいっぱいあるよなぁ。お世話になってる人にごちそうするってのも、オツな使い方よな……、供えといてくれたら、アッチにも届くと思うし……ほな、おやすみー……。

……酒を頼んどけってことか。素直にそう言えばいいのに。

　クスッと笑いながら、フゴーが言っていたことをもう一度思い返す。本当に世の中、**知っているか知らないかで、大きな差が生まれることだらけ**だ。しかも**そういう情報に限って、誰も教えてくれない**。自分で情報を取りに行って、自分で気づくしかないんだ。フゴーがいなくなってしまっても、僕は同じような"気づき"を得ることができるんだろうか……。
　そんなことを考えながら、ふるさと納税の返礼品を吟味していると、スマホに通知が入った。黒木さんからの返信メッセージだ。
　自分の胸がドキドキと音を立てているのを感じながら、おそるおそるメッセージを開く。

> ほんとに!?
> ちょうど、明日の夜だったら先生も都合いいみたいなんだけど、三崎くんはどうかな？

　急な誘いで驚いたが、答えは決まってる。

> 明日、大丈夫です。よろしくお願いします！

　いったい黒木さんの言う"先生"とやらはどんな投資を教えてくれるのだろう。フゴーから教えてもらった投資の知識

をお披露目する機会はあるだろうか。いろんな考えがぐるぐると頭の中をめぐって、その日はなかなか寝付けなかった。

POINT

- ふるさと納税は、実質負担金2,000円で返礼品（各地域の特産品）が受け取れる国の制度
- ふるさと納税はサラリーマンができる数少ない節税対策であり、やらない理由はほとんどない
- ふるさと納税はあくまでも寄付制度。地方自治体へ寄付した分の金額が、払うべき税金から差し引かれる
- 年収や家族構成によって、控除される金額の上限額が決まっている
- ふるさと納税の利用者はまだまだ少数派（全体の2割）
- 確定申告の手続きは案外カンタン

第14話

自分の身は
自分で守れ！

#投資詐欺　#マルチ商法　#デート商法

　週明けの月曜日。いつも以上に長く感じた就業時間が終わり、終業のチャイムが鳴ると同時に、僕はそそくさと荷物をまとめてオフィスを後にした。

　待ち合わせの場所に指定されたのは、六本木駅。普段はめったに立ち寄る機会のない華やかな駅に降り立ち、異世界に迷い込んだかのような感覚を覚える。

　「大丈夫、会社を出る前にトイレで髪型もチェックしたし……」と何度自分に言い聞かせても、そわそわしてなかなか落ち着かない。

　何度もスマホで時刻を確認しているうちに、約束していた19時ぴったりに、改札を抜けてこちらへ向かってくる黒木さんが見えた。

　「おつかれ！　急に呼び出しちゃってゴメンね」

　黒木さんも仕事帰りだったようで、この日は黒いスーツにトレンチコート姿だった。

　「先生、世界中飛び回ってるから、いつも連絡が直前なのよね……。さっそくだけど、行こっか」

　そう言って彼女は前を歩き出す。その足取りは、少しばかり緊張しているようにも見えた。

「黒木さんがやってる投資って、どんな感じのものなの?」

僕の半歩前を歩く彼女に聞く。彼女はこちらを振り向いて、少しはにかんだ表情をつくりながら答える。

「うーん……、一言で説明するのはちょっとむずかしいんだけど……、海外の仮想通貨とか、バイナリーオプションとか……かな? いろいろな種類があるの」

"仮想通貨"に"バイナリーオプション"……? なじみのないキーワードに、頭の中がハテナで埋め尽くされる。この間のフゴーの講義には、出てこなかったラインナップだ。

「あー、最近なんか流行ってるヤツ……?」

黒木さんは目を細めて微笑みながらコクコクとうなずく。

「まあ、私もまだ勉強中だからさ……、細かいしくみとかはよくわかってないところもあるんだけど……」

えっ……? **しくみをきちんと理解していないのに投資?** そんなんで本当に大丈夫なんだろうか。

「その道のプロの先生が教えてくれるから、大丈夫だよ」

「自分の責任で投資対象を選ばなアカン」と言っていた、フゴーの姿が頭をよぎる。

キラキラとした六本木の繁華街をしばらく歩くと、冬空にそびえたつ黒い高層マンションが見えてきた。

「着いたわ。ここみたい」

黒木さんがマンションの前で立ち止まると、大きなガラスの自動ドアが左右に開く。正面のロビーには、数百本もの赤いバラが生けられた巨大な花瓶があり、いかにも高級な

雰囲気が漂っている。

「なんだか、すごいところだね……」

「でしょ？　先生、こういうマンションを都内にいくつも持ってるんだって。すごいよね」

「はぁ……」

あまりの場違いぶりに思わず体がすくむ。そんな僕を励ますように、黒木さんは笑顔を見せる。

「このマンションの最上階にラウンジがあってね、そこで先生待ってるって」

言われるがままに、エレベーターに乗り込む。

「そっ、その……"先生"っていうのは、何者なの？」

「あ、うん。佐藤さんっていう人なんだけどね。年齢は、30代後半くらいかな？　世界中を旅行しながら各国のスタートアップ企業に出資している、スゴい投資家なんだよ」

30代後半……ちょうど僕の一回り上ぐらいだろうか。スタートアップってことは、新しく起業したばかりの会社か。そんな会社への投資、リターンもスゴそうだけどそれなりにリスクもありそうだな……。やっぱり、そういうリスクを取れるような投資家じゃなければ、こういうところには住めないんだろうか……。

チン、というクラシカルな音とともにエレベーターが停まり、厚い自動ドアが開く。最上階フロアは全面ガラス張りで東京の町並みが一望できる。

「えーっと……、あ！　こんばんは、佐藤先生！」

黒木さんがそう呼びかけて手を振ると、バーカウンターに立っていた小柄な男性がこちらに向かって歩いてくる。

　「やあやあ、アイコちゃん、よく来てくれたね。そちらがこの前言っていた彼……だよね？　どうも、はじめまして」

　そう言って佐藤氏は、白い歯を見せニッコリと微笑みながらこちらに手を差し出す。

　「あ、どうも……、三崎です」

　佐藤と呼ばれたその男性は、健康的に日に焼けた肌に白いTシャツ、ネイビーのジャケットといういでたちの、スポーツマン風の男だった。服の上からでも、適度に引き締まった筋肉質な体であることがわかる。黒木さんは30代後半と言っていたけど、20代後半と言われても違和感はない。そして、ジャケットの袖口からは、どう見ても高級そうなシルバーの腕時計が顔をのぞかせている。

．．．．．．．．．．．．．．．．．．．．．．．．．．．．．．

　「へえ、三崎くんは社会人5年目かぁ。そういえばボクが会社を辞めたのもちょうど三崎くんぐらいの年だったなぁ。わかるよ？　責任はそこそこある割に、給料は安い。上司は口先ばっかりでめんどうなことは全部押し付けてくるし、ホント割に合わない、いつもそう思ってたな……」

　佐藤はそう言うと、何かを思い出したかのように遠くを見つめた。周囲はすっかり暗くなっていて、大きなガラスの窓からは、キラキラと輝く東京の夜景が見える。

　「この夜景の明かりの一つ一つの下にさぁ、残業している

サラリーマンがいるわけなんだよね。この時間まで懸命に働いてる……」

「そう言われてみれば、そうですね……」

「ボクは、28歳のときに会社を辞めてトレードを始めたら、あっけないくらい上手くいってね。経済的自由と時間の自由を同時に手に入れたんだ。今は、少しでも多くの若者を、会社員という辛い生き方から解放したいと思って、こうして少しずつ投資のこと、最先端のビジネスのことを教えているんだよ。アイコちゃんだってボクの仲間の1人さ」

そう語る佐藤氏の話しぶりは堂々としていて、自信に満ち満ちている。

すると佐藤はおもむろに両手を組み、まっすぐこちらを見つめた。

「で、まあ単刀直入に言うとね。三崎くん、キミもボクたち側の世界に来ないかい?っていう話なんだよ」

「えっ、僕ですか？　僕、お金、全然持ってないですけど……」

「大丈夫。誰だって、最初はキミと同じだよ。もちろんリスクがないとは言わない。でも、一生不満を抱えながら会社員でいるより、ボクみたいな生き方をする方が、ずっと楽しい人生だと思わないかな?」

そう言うと佐藤は、持っていたキャリングケースから何枚かの資料を取り出した。資料にはビッシリと細かい字で、数字や説明が書かれている。

「そ、そりゃ思いますけど……」

「じゃあ話は早いな……。とりあえず君みたいなビギナーにオススメなのはまずは、これかな？　FXの自動トレード。ソフトが最適なタイミングで自動売買してくれるからさ、このソフトをパソコンにインストールしておけば、誰でも勝てるようになるんだよ。黒木さんも、この"パーフェクトトレード"を使って、今、どれくらい稼いでるんだっけ？」

急に話を振られた黒木さんは一瞬ビクッと震えたが、次の瞬間にはニッコリと笑顔をつくって答える。

「月……だいたい10万円くらい……ですかね」

「な？　どうだろう、君もやってみないか？」

歌うような甘い声でそう言われると、つい心を動かされてしまいそうになる。

「ど、どれくらい稼げるんですか？」

「まあ、個人のスキルやセンスにもよるけどね、最低でも1年で2倍くらいにはなるよ」

1年で元金が2倍？　はたしてそんな投資商品がこの世にあるのか？　「ウマい話には必ず裏がある」「向こうからやってくる儲け話には、ロクなものはない」そう言っていたフゴーの顔がまたもや目に浮かぶ。

目の前にいるこの男が、今日会ったばかりの僕にそんないい儲け話を持ちかける理由はなんだ？　「そもそも」を考えろ、考えるんだ、ソウタ！

「そのソフト、いったいいくらなんでしょうか？」

242

自分の身は自分で守れ！

「三崎くんだったら、**特別に50万円**で販売可能だよ。本当は、海外では定価100万円で販売されているものなんだけど、黒木さんの紹介だし、ボクからの直販だからスペシャルディスカウントが効くんだ。大丈夫。あっという間に元は取れる。先行投資ってヤツさ。ボクが保証するよ」

「でも、僕はそんな50万なんて大金持っていないですよ」

「大丈夫、大丈夫！ 君、会社員だろ？ クレジットカードで分割払いもできるし、ローンを組むことだってできるよ」

「……あ、あの、ちょっとトイレ!!」

・・・・・・・・・・・・・・・・・・・・・・・・・・・・・・・・

僕はいったん頭を冷やそうと、その場を離脱した。こういうときは、まず、冷静にならないといけない。

スマホを出して、「パーフェクトトレード」と検索してみると、たくさんの記事がヒットした。どれもこのソフトで大儲けした実績を誇示するような内容だ。

「あながち嘘を言っているわけでもないのか……？ でも、どうもうさんくさい記事ばかりのような……」

次に「パーフェクトトレード　詐欺」で検索してみると、さっきとは一転して、稼げなかったレポートや被害報告の投稿や記事がずらずらと出てくる。結局ソフトを使ってもトレードでは勝てず、借金だけが残った、販売元に問い合わせても電話がつながらないといった悲痛な叫びが並んでいる。

「なるほど……最初に検索して出てきたのは、金にモノを言わせてつくった広告記事ってわけか」

ドキドキしながら、スマホを片手に部屋に戻る。

　「おかえり」と手を振る佐藤が放つプレッシャーに圧倒されながら、ノドからなんとか声を絞り出す。

　「あの、今、ちょっとネットで調べてみたんですけど、この記事にある"詐欺"っていうのは、どういうことなんでしょうか……？」

　「え？　えーと、それはね……。うーん、一部のアンチが、八つ当たりで書いてるんじゃないかな？」

　佐藤はニッコリと白い歯を見せるが、額にはうっすら汗が浮かんでいる。

　「あと、そこまで儲かるなら、なんで佐藤さんはその**利益を独り占めしようと思わない**んですか？」

　「そ、そりゃあ、さっきも言ったじゃないか。世の中にボクみたいな成功者の仲間を増やしたいのさ。財を成した人間は、利益を社会に還元するのも役割だと思っているからね」

　「でもこれって……」

　すると佐藤は、明らかにいらだった顔で、黒木さんの方を振り返った。

　「……えーっと、黒木くんさ。コレ、どういうこと？　彼、全然"仕上がって"ないみたいだけど。せっかくボクが来てるのに、こんな柔らかい話じゃ、どうしようもないだろう？」

　「……す、すみません。私、やっぱり……」

　「いや、謝って済む問題じゃなくない？　ボクの時給いくらだと思ってるのよ。……もう、いいや。これ以上時間のムダ

だから……。ボクは帰るよ。キミはもう退会だからね！」

　吐き捨てるようにそう言うと、佐藤はカッカッと足音を立てて、エレベーターホールの方に立ち去ってしまった。

「え……、え……？」

　まだ目の前の事態が呑み込めていない僕に、黒木さんが寄って来て口を開いた。

「ごめんなさい、三崎くん……。私……本当に、ごめんなさい……」

　黒木さんは唇をかみしめ、声を震わせながら何度も謝る。

「え……？　そんな……じゃあ黒木さん、キミは最初から僕を勧誘するつもりで……」

「……うん。謝っても許してもらえないのはわかってる。でも、私も、さっきの三崎くんの言葉でなんか目が覚めたような気がして……」

　そして黒木さんは、うつむきながら真実を語り始めた。

「父の会社が去年、倒産しちゃってね。名前だけの役員として連帯保証人になってた私は、何とかお金を工面しなくちゃいけなくて……」

　また、連帯保証人か……。いったい、**この制度はどれだけの不幸な人間を生んでる**っていうんだ……。

「私がバカだったの。軽い気持ちで、ネットで見つけた無料の投資セミナーに申し込んで、彼のグループに入ってしまって。**いかに人をうまく騙して、高い商品を買わせるか**……勉強会ではそんなことばかりを研究して……。ずっと違

和感があったけど、抜けられなかった。コンサル料として
けっこうなお金も払い込んでしまっていて、後に引くに引けな
くなっちゃって……それで……」

　黒木さんは下を向いたまま、拳を強く握って震えている。

　「もういいよ、黒木さん。……結局僕はお金を失ったわけ
でもないし、黒木さんもこうして会を抜けられたわけだし
……。むしろ、よかったじゃないか」

　「……そうね。ありがとう。三崎くんは優しいね。……信じて
もらえないかもしれないけど、この間２人でご飯に行ったじゃな
い？　あの日は本当に久しぶりに、心の底から笑えた気がし
たの。借金のこと、少しの間だけ忘れられた気がした……」

　そのとき僕の頭の中には、ブタフで見た前田の悲しそうな
顔がフラッシュバックし、苦しそうに語る黒木さんの顔と重
なった。

　「……あのさ、黒木さん。実は僕も、お金についてはホン
トに無知で失敗ばかりでさ……。借金があるわけじゃないん
だけど、貯金も全然貯まらなくて、いつもお金に困ってて。
でも最近、あるブタ……、いやある人からいろいろと教えて
もらって、たくさんのことに気づくことができたんだ」

　「気づく……？」

　「あんな佐藤みたいなやり方じゃなくて、もう少し真っ当な
方法で、黒木さんの悩みを何とかできないかな。その人も
言ってたんだよ。『<u>この世界で生きていくには、マネーリテラ
シーという武器を身につけなければならない</u>』ってさ」

第 3 章
自分の身は自分で守れ！ 第 **14** 話

　僕たちは解決策をリサーチして持ち寄ることを約束して、場違いな街の、場違いな建物を後にした。

・・・・・・・・・・・・・・・・・・・・・・・・・・・・・・・・

　家に帰ると、眠くてたまらなそうな顔をしたフゴーが、うつらうつらとしながら僕を待っていた。

🐷　ん？　今日はまたあの子とデートだったんとちゃうん？　えらい早い帰りやな……、どうした、もうフラれたか？

🧑　いや……、実は……。

　僕はついさっき高級マンションで起きた、一連の事件について話した。

🐷　わはは。そうかぁ、そんなことがあったんか。あのアイコちゃんがなあ、そら驚いたやろ？

🧑　うん。ビックリしたけど、フゴーからいろいろ教えてもらっていたおかげで九死に一生を得たよ。

🐷　まあ、でもよかったやん。自分の頭で判断して、断ったんやろ？　ちょっと前の自分やったら、コロリと騙されてたかもしれんなぁ……フフフ。

247

な、何がおかしいんだよ?

 いや、ワシはうれしいんや。自分が、他人の意見に流されずに、しっかりと自分の目で見て、アタマで考えて、その詐欺師にNOを突きつけられたことがな。フゴーモバイルのときと大違いやで、ホンマに。

　そのとき、ピンク色のフゴーの体が、切れかけの電球みたいにチカチカと瞬き始めた。

 あー……、いよいよサヨナラのお時間みたいや……。

 えっ、そんな、もう行っちゃうのかよ……。

 まぁ、自分はもう大丈夫や、サイフに空いてた穴の正体と大きさに気づいて、ふさぎ方もだいたいわかってきたやろ……。投資についてはまだまだド素人やけど、失敗も経験しながらチャレンジしてったらええ。三崎ソウタは2週間前とは大きく変わったわけや。自分のサイフを狙ってる悪いヤツらがぎょうさんいることも身をもって学んだし。うん、大丈夫や。

 ……うん。正直まだ知らないことも多いけれど、フゴーに教えてもらったことを思い出しながら、これからも自分

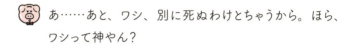

で頑張ってみるよ。

🐷 あ……あと、ワシ、別に死ぬわけとちゃうから。ほら、ワシって神やん？

😮 これからも、どっかから見守ってくれるわけね。

🐷 そやな。場所はちと、守秘義務で言われへんのやけど……。まぁワシが教えたことを、これからは困ってる誰かに教えてあげたらええ。頑張りや！

😮 うん、わかった。これまでいろいろありがとう。

フゴーの体の点滅が激しくなってきた。

🐷 ……しっかし、あの晩、2人で飲んだ酒はうまかったなぁ。最高やったで。あの女将さんにも、よろしく伝えといてな。ほな!!

　明るく別れの挨拶を告げると同時に、フゴーの体は光を失い、元の無機質な貯金箱に戻った。
　その後、手に取って何度かゆらしてみたりもしたが、貯金箱が再び動き出すことはなかった。

投資トラブルにご用心

COLUMN 11

　ソウタはフゴーの言葉を思い出しながら、何とか投資詐欺に引っかからずに済みました。しかし、「絶対に儲かる」「楽して稼げる」といった甘い言葉に誘惑され、貯金を失ったり、借金を背負わされてしまう投資トラブルは少なくありません。

　私たちは、こうしたいわゆる"投資詐欺"を、どうやって見極めればいいのでしょうか?

　とりあえずの目安としては、**年間利回り20%**を超えてきたら要注意と思っていいかと思います。

　年間利回りというのは、**1年間で投資した額の何%がリターンとして手元に戻ってくるかという指標**です。

　利回り20%と言うと、たとえば100万円の資金を投じて1年間で20万円のリターンが得られる投資。言い換えれば、5年で元が取れる投資とも考えることができます。

　比較的利回りが高い不動産投資の分野でも、**20%の利回りを超える物件はそうそうありません**。築古の物件を自ら再生するなど、大きめのリスクを取ったり、労力や事業センスを使って利回りを上げる工夫をして何とかつかみ取れる数字なんですね。**何もせずに楽して利回り20%という数字は、かなりの異常値**であることは間違いありません。

　また詐欺師は、人間心理を巧みについたセールスを行ってきます。どうやれば人間が契約書にハンコを押すのか、その一点を究極的に研究している人たちも多いです。その辺

250

の営業マンよりはるかに消費者心理をわかっています。

よくある投資トラブルの事例をいくつか挙げてみますので、参考にしてください。

バイナリーオプション

2〜3時間後の為替レートが、あるレートより「高いか」「低いか」を予測するシンプルな金融商品です。当たった場合は投資した金額が2倍になり、外れた場合は没収されます。そう、まさに丁半博打みたいですよね。ギャンブルにハマるようにバイナリーオプションにハマり、多額のお金をスッてしまう人が多いのです。バイナリーオプションに勧誘してくる人は「ギャンブルではなく投資、必勝法がある」と強調しますが、**EUやカナダでは、「金融商品に見せかけたギャンブル」として、禁止されています。**

そもそも、常に上下に値動きを続ける為替が2〜3時間後にどうなるかなんて、**素人にわかるわけがない**のです。

そこで、自動売買ツールや値動きを予想するソフト、マニュアルやセミナーを高額で販売する詐欺が登場します。近年話題になった"USBメモリ投資詐欺"もその1つですね。実際はたいした情報の入っていないUSBメモリを「上下トレンドを自動判定してくれるソフト」として高額で販売する詐欺の一種ですが、友達への販売を仲介すると手数料をもらえる**マルチ商法の手口をとっていたため、大学生の間で被害が広まりました。**「そんなお金はない」という人にも、学生

ローンを組ませて購入させるというのが非常にタチの悪いところで、結局投資でも勝てず多額の借金だけが残ってしまう被害者が続出しました。

未公開株投資詐欺

「近々上場し、値上がり確実な未公開株がある」などと虚偽の説明による勧誘を行って購入代金を振り込ませ、現金をだまし取る投資詐欺の手口です。

「上場すれば確実に値段が上がる」など、甘い言葉で投資に誘ってきますが、**未公開株には厳しい金融庁のルールがあり、取り扱いできるところは限られる**ので、このような勧誘を受けたら詐欺と断定してしまってもいいでしょう。

悪質な不動産投資

「節税対策になる」「安定的に家賃収入が得られる」という誘い文句で、割高の不動産を買わせる手法です。

もちろん不動産投資には節税効果や家賃収入といったメリットがあるのは事実なのですが、その中でも**「新築ワンルームマンション」**というキーワードが出てきたら要注意です。詐欺とまではいかなくても、損してしまう可能性が高いでしょう。

なぜなら、まず「新築」という時点でデベロッパーや業者の利益がたっぷり乗っており、投資商品としては割高になります（新築の物件は足を踏み入れただけで3割値段が下がるとも言われています）。

また、借りてくれる人がいなければ、当然毎月のローンを自分で払うことになり、赤字になります。そうならないためには、ちゃんと賃借人が入ってくれる割安な物件を選ばないといけないのですが、普通の人は賃料相場や不動産の専門知識を持ち合わせていないために、つい営業マンのセールストークに乗せられて割高の物件を買わされてしまうケースがほとんどです。不動産は他の投資商品に比べて金額が大きい分、失敗したときのインパクトも大きいので、相手から提供される材料だけで判断をするのではなく、自分でも材料をそろえる努力をしましょう。

また「節税になる」というセールストークも定番ですが、毎月の利益が少ない、もしくは赤字の物件を売る口実に使われる手です。**不動産投資家は家賃よりも毎月の赤字の方が大きいような物件は絶対買いません**。覚えておいてください。

こうした詐欺や悪質な投資勧誘を行う業者は、いわゆるカモのリストを共有していたり、名簿を販売していたりすることがあります。1回ハマった人は、何回も引っかかるということを詐欺師たちもよくわかっているのです。

甘い言葉に騙されて、大事なお金を失わないようにしましょう。

エピローグ

　──3カ月後。

　僕は、いつものごとく、仕事終わりに「シェスタが原」に寄って、ひと息ついていた。忙しそうな人たちはほとんど立ち寄らないこの空間は、あいかわらず人がまばらだ。

　あれから家計の支出の見直しを進めていくと、僕はこの場所で、ひと月に4,000円分近くのエナジードリンクを購入している、という新事実も判明した。それに気づいて以来、マイボトルに家でつくった麦茶を入れて持参するようになった。これだけで、年間5万円弱の節約だ。

　格安SIMに切り替えたスマホが震える。前田からのメッセージだ。

> お疲れ！　今日の夜、暇だったら登りに行かない？

　テレビで公営の専用施設ができたというのを見て知ってからというもの、僕らはボルダリングにハマっている。1回やってみるとすぐにのめりこんで、毎週欠かさず行くようになった。1回あたり500円の利用料金で、腕がパンパンになるまで楽

しめる。かつて、あれだけ課金したスマホゲームのことなんて、もうすっかり忘れてしまっていて、今はもう、ゲームのタイトルすら思い出すことができない。

　前田とは、金曜日の夜だけは、今でもあいかわらずブタフでハイボールを酌み交わすけど、話の内容は以前と少しずつ変わってきた。仕事の愚痴ばかりでなく、ボルダリングのことや自分たちの将来・キャリアについても、話すようになったのだ。今や、僕にとっての前田は、愚痴をぶつけるサンドバッグではなく、**一緒にこの資本主義社会を戦う戦友**であり、よきライバルとなった。

　前田はあれから親御さんに借金のことを打ち明け、何とか支援を得て再スタートを切っている。お母さんにはずいぶんと泣かれたようだけど、その涙は前田が借金をしたことよりも、すぐに相談してくれなかったことに対してのものだったそうだ。親御さんの大きな背中と深い愛情を目の当たりにした前田は、キッパリとパチンコから足を洗った。

　——そうそう。黒木さんとのやり取りも続いている。

　お金や投資に関する本を読んで内容を紹介し合ったり、ネットに面白い情報があったらメッセージを飛ばしたり。たわいもない関係だけど、社外に気心が知れた友人がいることはいいことだと気づかされた。**自分とは異なる価値観や観点からアドバイスがもらえる**し、**視野が広く持てるようになった**気がする。新卒から1つの会社にいるとこんなにも考えが

凝り固まってしまうのかと、ハッとさせられることも多い。

　自炊にもだいぶ慣れてきて、料理も新しい趣味の1つとして定着しつつある。ふるさと納税で頼んだお米や肉の美味しさは、コンビニ弁当を買うモチベーションを大きく低下させたし、以前よりだいぶ健康的な生活が送れるようになった気がする。

　結局あの日以来、フゴーが目覚める事はなかった。

　でも大丈夫。僕は僕なりに、ここまで1人でも歩くことができた。

　この先の道のりもきっと大丈夫だろう。

　フゴーは僕に、たくさんの「気づき」という名の道しるべを残してくれたから。

　今はもう動かないブタの貯金箱の横には、約束通り、純米大吟醸の五合瓶を供えておいた。

　いつかまた、あのヘンテコで口うるさい神様と、乾杯できる日が来ることを願って。

おわり

おわりに

　このたびは、ここまで本書をお読みくださいまして、どうもありがとうございました。

　この本のお話をいただいた当初、まさか自分が小説を書くことになろうとは、夢にも思っていませんでした。

　世の中には、お金や税金、社会のルールを説明した本は山のようにあります。ただ、何となく僕が感じていたのは、そういった本の多くが、"すでにある程度意識の高い人"向けにつくられている、ということでした。意識の高い人がさらなる高みを目指すための本……それは僕には書けないし、僕が書く必要はないだろうとはずっと思っていました。

　僕が会社員だった頃、お金・税金・社会のルールをまったくわからずに働いていたのは、冒頭に記したとおりです。

　そして、僕が情報発信を始めたのも「そんな昔の自分が知りたかったこと」「知っておきたかったこと」をネットの向こうにいる誰かに届けようと思ったのがきっかけでした。

　そして、お金のことにまったく興味を持っていない人たちに、考えるきっかけを持ってもらうにはどうしたらいいか？わかりやすく学んでもらうにはどうしたらいいか？を考えた結果、フゴー・マネーリテは生まれたのです。

　もしかすると、一部の方にとっては、すでに知っている内容ばかりで物足りなかったかもしれません。

　そんなときは、あなたの周りにいる「社会のスタートライン

258

に立ったばかりの方」もしくは「これからスタートラインに立つ方」へ、どうかこの本をそっとお渡しいただければ幸いに思います。

　本書をつくるにあたり、多くの方のご協力をいただきました。
　税理士でYouTubeでもご活躍されている大河内薫先生（@k_art_u）には、突然の依頼＆確定申告シーズン＆タイトなスケジュールという無茶振りにもかかわらず、税務監修についてご快諾いただき、まことにありがとうございました。税務関係については、間違ったことを伝えるわけにはいきませんし、的確な指摘をいただけて、大変助かりました。
　以前から大河内さんの「税金を義務教育に」という考え方に深く共感しておりましたので、本の話が出たときから、税務監修を大河内さんにお願いしたいな……という思いがずっと頭の片隅にありましたので、今回一緒にお仕事ができ、光栄でした。深く御礼申し上げます。
　本書を読み、さらに税金に興味を持たれた方は、ぜひ大河内さんのベストセラー本『お金のこと何もわからないままフリーランスになっちゃいましたが税金で損しない方法を教えてください！』（サンクチュアリ出版）もあわせて読まれると、学びが深いのではないかなと思います。漫画形式でとても読みやすい本です。

　私をTwitterという大海から拾い上げてくださった、

KADOKAWAの編集者・繁田真理子さんにも感謝してもしつくせません。新婚ホヤホヤの大切な時間だというのに、私の原稿が遅々として進まず、何日も眠れぬ日々を過ごさせてしまったことと思います。その節はすみませんでした。ゆっくり休んでください。

　また、これまで気まぐれで身勝手な人生を送る僕を支え続けてくれた家族と、普段から仲良くしていただいている不動産業の大家仲間の皆さま、執筆作業に度々おつきあいくださいましたサウザーさん（@Fist_of_Phoenix）ならびに社員の皆さんにも心から感謝いたします。

　そして最後に、いつも応援してくださるTwitter／Voicyのフォロワーの皆さま！　いつも大感謝です。皆さん一人一人がいらっしゃらなかったら、この本が生まれることはありませんでした。若輩者ではありますが、これからも引き続きよろしくお願いします。

　それではまた、スマホの中でお会いしましょう。

オロゴン

　P.S. 今回、本書で初めて僕の存在を知っていただいた方とも、ぜひSNS上で引き続きつながれれば幸いです。Twitter上でのお金の情報発信は続けていきます。よろしければ、ぜひフォローください。（Twitter: @orogongon）

オロゴン

都市銀行で10年勤めた後、ベンチャー企業経営者を経て個人独立。経営者として事業を軌道に乗せる過程で、サラリーマン時代には知らなかったお金や社会のルールが多く存在することに衝撃を受け、独立した2018年より、ブログ・Twitter・ネットラジオVoicyにて情報発信を開始。社会やお金のしくみをわかりやすく伝えるスタイルが多くの支持を集める。現在は、不動産賃貸業をはじめとする複数事業を手がけている。座右の銘は「Cool Head , but Warm Heart」。
Twitter：@orogongon
ブログ：http://banker-escape.com/

大河内 薫（おおこうち・かおる）

税理士。株式会社ArtBiz代表取締役。日本大学芸術学部卒。「税知識をカジュアルに」をモットーに、YouTubeやTwitterで一般向けに税知識を発信。「お堅い・まじめ」などの税理士イメージを打破し、税金を学ぶことへのハードルを下げる活動に従事。また、日本では稀な芸術学部出身の税理士として、クリエイターや芸術・芸能系のクライアントに特化。夢は税教育を義務教育に導入すること。
YouTube：大河内薫の税金チャンネル（登録12万人超）
Twitter：@k_art_u

サイフの穴をふさぐには？
学校も会社も教えてくれない税とお金と社会の真実

2020年4月1日　初版発行

著者／オロゴン

税務監修／大河内　薫

発行者／川金　正法

発行／株式会社KADOKAWA
〒102-8177　東京都千代田区富士見2-13-3
電話　0570-002-301(ナビダイヤル)

印刷所／大日本印刷株式会社

本書の無断複製（コピー、スキャン、デジタル化等）並びに
無断複製物の譲渡及び配信は、著作権法上での例外を除き禁じられています。
また、本書を代行業者などの第三者に依頼して複製する行為は、
たとえ個人や家庭内での利用であっても一切認められておりません。

●お問い合わせ
https://www.kadokawa.co.jp/ (「お問い合わせ」へお進みください)
※内容によっては、お答えできない場合があります。
※サポートは日本国内のみとさせていただきます。
※Japanese text only

定価はカバーに表示してあります。

©OROGON 2020　Printed in Japan
ISBN 978-4-04-604449-5　C0030